T0220427

Komplexität im Projektmanagement

Lizenz zum Wissen.

Sichern Sie sich umfassendes Technikwissen mit Sofortzugriff auf tausende Fachbücher und Fachzeitschriften aus den Bereichen: Automobiltechnik, Maschinenbau, Energie + Umwelt, E-Technik, Informatik + IT und Bauwesen.

Exklusiv für Leser von Springer-Fachbüchern: Testen Sie Springer für Professionals 30 Tage unverbindlich. Nutzen Sie dazu im Bestellverlauf Ihren persönlichen Aktionscode C0005406 auf *www.springerprofessional.de/buchaktion/*

Jetzt 30 Tage testen!

Springer für Professionals.
Digitale Fachbibliothek. Themen-Scout. Knowledge-Manager.

- Zugriff auf tausende von Fachbüchern und Fachzeitschriften
- Selektion, Komprimierung und Verknüpfung relevanter Themen durch Fachredaktionen
- Tools zur persönlichen Wissensorganisation und Vernetzung

www.entschieden-intelligenter.de

Springer für Professionals

Sabrina Lange

Komplexität im Projektmanagement

Methoden und Fallbeispiele für erfolgreiche Projekte

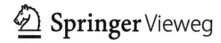
Springer Vieweg

Sabrina Lange
Zühlke
Schlieren, Schweiz

ISBN 978-3-658-09971-8   ISBN 978-3-658-09972-5   (eBook)
DOI 10.1007/978-3-658-09972-5

Die Deutsche Nationalbibliothek verzeichnet diese Publikation in der Deutschen Nationalbibliografie; detaillierte
bibliografische Daten sind im Internet uber http://dnb.d-nb.de abrufbar.

Springer Vieweg
© Springer Fachmedien Wiesbaden 2015

Das Werk einschließlich aller seiner Teile ist urheberrechtlich geschützt. Jede Verwertung, die nicht ausdrücklich
vom Urheberrechtsgesetz zugelassen ist, bedarf der vorherigen Zustimmung des Verlags. Das gilt insbesondere
für Vervielfältigungen, Bearbeitungen, Übersetzungen, Mikroverfilmungen und die Einspeicherung und
Verarbeitung in elektronischen Systemen.
Die Wiedergabe von Gebrauchsnamen, Handelsnamen, Warenbezeichnungen usw. in diesem Werk berechtigt
auch ohne besondere Kennzeichnung nicht zu der Annahme, dass solche Namen im Sinne der Warenzeichen-
und Markenschutz-Gesetzgebung als frei zu betrachten wären und daher von jedermann benutzt werden
dürften.
Der Verlag, die Autoren und die Herausgeber gehen davon aus, dass die Angaben und Informationen in diesem
Werk zum Zeitpunkt der Veröffentlichung vollständig und korrekt sind. Weder der Verlag noch die Autoren oder
die Herausgeber übernehmen, ausdrücklich oder implizit, Gewähr für den Inhalt des Werkes, etwaige Fehler oder
Äußerungen.

Gedruckt auf säurefreiem und chlorfrei gebleichtem Papier

Springer Fachmedien Wiesbaden GmbH ist Teil der Fachverlagsgruppe Springer Science+Business Media
(www.springer.com)

Ein paar Gedanken vorweg

Komplexität ist aus der heutigen Zeit nicht mehr wegzudenken und ist überall anzutreffen. Sie gehört zum Alltag und gerade das führt dazu, dass sie oft nicht mehr wahrgenommen wird. Stattdessen versucht der Projektleiter sich nach dem „Prinzip Hoffnung" durch seinen Alltag durchzumanövrieren. Er hofft, dass sich Probleme lösen oder alles gar nicht so schlimm wird. Schließlich hat es ja früher so auch geklappt. Dabei wird übersehen, dass herkömmliche Methoden im komplexen Umfeld oftmals dazu führen, mehr Chaos zu verursachen. Wir brauchen also andere Vorgehensweisen und Hilfsmittel in unserem Methodenkoffer.

Anhand des Cynefin Frameworks werden in einem ersten Schritt fünf Facetten des Projektes beleuchtet, um eine erste Einschätzung zu bekommen, ob es sich um ein komplexes Projekt handelt. Bei den Facetten handelt es sich um „Ziele", „Ergebnisse", „Tätigkeiten", „Team" und „Stakeholder". Dabei kann es sehr wohl vorkommen, dass nur einzelne Facetten eine hohe Komplexität aufweisen, das Projekt an sich sonst aber maximal kompliziert oder anspruchsvoll ist. Neben den bekannten vier Cynefin Quadraten (einfach, kompliziert, komplex und chaotisch), wird zusätzlich noch auf zwei Sonderformen eingegangen: „wicked problems", bei denen man auf den ersten Blick nur verlieren kann, und das „schwarze Königin Prinzip", bei dem mehr vom Guten nicht unbedingt zu Gutem führt. Diese zwei Formen sind speziell in ihrem Umgang. Daher muss der Leser für diese Formen zusätzlich sensibilisiert werden.

In einem zweiten Schritt werden die fünf Facetten auf sieben Dimensionen abgebildet: „Anforderungen", „Organisation", „Stakeholder", „Technologie", „Wissen", „Projektmanagement" und „Kultur". Zu jeder dieser Dimensionen werden die wichtigsten Merkmale beleuchtet, anhand derer sich Komplexität im Projektalltag zu erkennen gibt. Vorschläge für einen gezielten Umgang, sowie mögliche Fallstricke, die des Öfteren beobachtet werden, schliessen sich an. Veranschaulicht wird das Ganze durch zwei Projektleiter, die dieses Kapitel begleiten. Beide arbeiten an demselben Projekt mit den gleichen Herausforderungen. Einer, Guido, reagiert darauf jedoch mit traditionellen Methoden. Wir erkennen uns schnell in seinem Handeln wieder. Der andere, Klemens, handelt analog unseres neu gewonnenen Verständnis vom Umgang mit Komplexität. Auf diese Art soll die Thematik veranschaulicht und Anwendungsbeispiele für den Alltag aufgezeigt werden. Ein leicht anderes Verhalten kann zu gänzlich anderen Ergebnissen führen.

Es gibt Verhaltensweisen, die sind nicht einer Dimension zuzuordnen. Diese wurden in einem separaten Kapitel gesammelt. Zu nennen sind hier neben dem „HALO Effekt" und der „Heuristik" beispielhaft die „Tragödie der Gemeingüter", „erodierende Ziele" oder einfach der „Schutz des eigenen Kompetenzempfindens". Innerhalb komplexer Problemstellungen sind sie aber fast immer anzutreffen, auch wenn sie außerhalb eine ebenso wichtige Rolle spielen.

Am Schluss wird dem Leser neben einer Zusammenfassung noch eine Übersicht der Buchinhalte als Leitfaden dargestellt, um diesen als tägliches Handwerkzeug anwenden zu können. Dieser beinhaltet sowohl die vorgestellten Methoden, als auch Gedankenstützen in Form von Bildern aus dem Roman Alice im Wunderland, der uns durch das komplette Buch hindurch begleitet. Denn wie bei Alice betreten wir mit dem Thema Komplexität ein Terrain, dass auf den ersten Blick aussieht wie unsere altbekannte Umgebung, sich dann aber als eine Welt entpuppt, die voller Überraschungen steckt und nicht berechenbar erscheint. Ich hoffe, ich kann Sie mitnehmen auf diese Reise in das Wunderland der Komplexität und wünsche schon jetzt viel Spaß dabei und gutes Gelingen beim Umsetzen im Alltag.

Schlieren, Schweiz   Sabrina Lange
April 2015

Vorwort

In nahezu allen Unternehmen starten fast täglich neue Projekte. Nicht wenige dieser Projekte geraten in große Schwierigkeiten, verlaufen im Sande oder werden erfolglos abgebrochen.

Wir befinden uns in einer immer stärker vernetzten und beschleunigten Welt. Fast alle Projekte erfordern heute die Einbindung vieler Stakeholder, da vielfältige Abhängigkeiten berücksichtigt werden müssen. Auch während der Projektlaufzeit ist die permanente Anpassung an sich verändernde Rahmenbedingungen keine Seltenheit, sondern normaler Projektalltag. Kostendruck, internationale Zusammenarbeit über Kultur- und Sprachgrenzen hinweg sind weitere Komplexitätstreiber. Hinzu kommt, dass Unternehmen oft viel zu viele Projekte gleichzeitig angehen. Dadurch entsteht in den Projekten eine enorme Komplexität, die sehr oft zu Beginn des Projektes unterschätzt wird.

Sowohl aus eigener Erfahrung als Projektleiter, als auch als Leiter einer Competence Unit mit über 40 Mitarbeitern, die sich täglich in Projekten den genannten Herausforderungen stellen müssen, ist klar ersichtlich, wie sehr Komplexität und der Umgang mit ihr den Erfolg eines Projektes beeinflusst.

Bei Zühlke, einem internationalen Engineering Dienstleister mit 10 Standorten in Europa und über 700 Mitarbeitern, stehen wir in allen Projekten, die wir für unsere Kunden realisieren, täglich dieser Herausforderung gegenüber.

Ein erster wichtiger Schritt ist immer, überhaupt einmal die vorhandene Komplexität zu erkennen und einzuschätzen. Der richtige Umgang mit ihr ist anschließend ebenso entscheidend, um erfolgreich zu sein.

Sabrina Lange hat sich mit diesem Buch auf eine Art dem Thema genähert, die dem Leser sehr anschaulich, sowohl grundlegende Theorie mit verschiedenen Sichtweisen, als auch konkrete Werkzeuge an die Hand gibt. Ihre Projektleitungserfahrung in den unterschiedlichsten Unternehmen, sowie ihre persönliche Haltung, auch in schwierigen Projektkonstellationen Wege und Möglichkeiten zu finden, mit Komplexität umzugehen, haben zu diesem lesenswerten und hilfreichen Begleiter für Projektleiter geführt.

Ich habe die Hoffnung, dass mit diesem Buch nicht nur deutlich wird, wie mit wachsender Komplexität die Erfolgswahrscheinlichkeit eines Projektes rapide abnimmt, sondern auch, dass der Umgang mit Komplexität erlernbar ist. Somit hoffe ich, dass einerseits viel zu komplexe Projektvorhaben entweder in ihrer Komplexität reduziert oder grundlegend überdacht werden. Andererseits wünsche ich mir, dass Projektleiter durch den richtigen Umgang mit komplexen Projekten erfolgreich sind.

Jörg Dirbach April 2015

Danksagung

An dieser Stelle möchte ich mich noch bei allen Bedanken, die mich bei der Erstellung dieses Buches unterstützt haben.

Allen voran meinem Bereichsleiter Jörg Dirbach, der die Idee dazu hatte, ich könnte mich mit dem Thema „Komplexität im Projektmanagement" auseinandersetzen und mich hier unterstützt hat. Danke für die vielen Inputs, Korrekturen und tatkräftige Unterstützung.

Zudem gilt mein Dank an Till Schilling, der sowohl inhaltlich, als auch sprachlich immer wieder den einen oder anderen Ausdruck kritisch hinterfragt hat und so verhindert hat, dass manch ein zweideutiger Satz abgedruckt wird.

Danke an meine zwei Sprecher, Leonardo Iantorno und Roland Voss, die mir während der Pilotphase zu diesem Buch immer wieder gezeigt haben, was es bedeutet an Kommas zu sparen. Auch Sätze, die über zwei Zeilen gehen, sind schon zu lang – Es werden dennoch einige davon zu finden sein in dem Buch. So ist das eben. ☺

Auch Marco Greci der Firma dge möchte ich danken, der Guido und Klemens in ihren Projekten durch seine Erfahrung „unterstützt" hat und das Vorhaben seiner Firma mit dem Bau von Windkrafträdern im Rafzerfeld als Beispiel hat verwenden lassen.

Ein Dank auch an Sabine Kathke für das Vertrauen in das Vorhaben und ihre Unterstützung bei der Umsetzung des Projektes.

Eigentlich müssten an der Stelle noch zahlreiche Kollegen aufgeführt werden, welche durch ihr Feedback zu den einzelnen Kapiteln einen Input geliefert haben und mich durch ihr Interesse an dem Thema weiter motiviert haben.

Einen großen Dank auch an Familie Neukom, die mich während des Schreibens unterstützt hat, indem sie mir den Rücken freigehalten und gestärkt hat. Ohne sie hätte ich es nicht bis zum Ende geschafft.

Und zuletzt möchte ich mich noch bei meinem 18 Monate alten Sohn Joshua bedanken, dass er so schön nachts durchschläft und mir damit die Gelegenheit gegeben hat, an zahlreichen Abenden noch an diesem Werk zu feilen. Ihm möchte ich auch dieses Buch widmen, als Entschädigung dafür, dass ich entgegen aller Ratschläge kein Kinderbuch geschrieben habe, sondern ein Fachbuch.

Inhaltsverzeichnis

Abbildungsverzeichnis

Tabellenverzeichnis

Einleitung

1

Zusammenfassung

In diesem Abschnitt wird darauf eingegangen, warum das Thema Komplexität gerade heute eine wichtige Bedeutung hat, besonders im Projektumfeld. Neben der Erläuterung, was hinter der Idee des Buches steckt, werden Aufbau und Inhalt kurz dargestellt und an wen sich das Buch richtet.

„Angst und Hoffnung sind nur Mangel an Information." – Dieses Zitat stammt von einem unbekannten Autor. Ich würde es gerne noch ergänzen: „…während die Hoffnung auf der Angst vor dem Eintreten des Unerwünschten gründet".

Das Prinzip Hoffnung ist ein geflügeltes Wort, dessen Ursprung im gleichnamigen Werk des deutschen Philosophen Ernst Bloch liegt (Bloch 1974). Auch wenn sein Werk spannende Aspekte beinhaltet und das Thema ebenfalls als komplex bezeichnet werden kann, haben diese Publikation und das Werk von Ernst Bloch keine weitere Verbindung. Denn während sich Ernst Bloch mit der Philosophie der konkreten Utopie beschäftigt, schauen wir hier nach Gründen und Ursachen sowie möglichen Maßnahmen, um mit komplexen Projektsituationen umgehen zu können, die leider keine konkrete Utopie sind, sondern schmerzliche Wirklichkeit.

Die Kosten für das Scheitern von Projekten aller Art steigen stetig. Indirekte Kosten wie Reputationsschaden, Imageverlust, Zeit für Korrekturen oder falsch investierte Zeit sowie Opportunitätskosten schlagen im Unternehmen zu Buche, und das in einem erheblichen Ausmaße. Die Erfolgsrate bei Projekten in den USA wird auf 34 % geschätzt. Die Fehlschläge werden für die USA mit Kosten in der Höhe von 150 Milliarden Dollar pro Jahr beziffert. In der EU wird der Schaden mit umgerechnet 140 Milliarden jährlich in etwa gleichen Größenordnungen angenommen (Pavlik 2014). Diese Daten stammen vom

© Springer Fachmedien Wiesbaden 2015
S. Lange, *Komplexität im Projektmanagement*,
DOI 10.1007/978-3-658-09972-5_1

Chaos Report der Standish Group. Über die Qualität dieser Statistiken der (Standish Group 2014) wird viel diskutiert (Liebhart 2009). Ob es sich nun aber um 140 Mrd. oder „nur" 100 Mrd. Dollar handelt, soll hier nicht ausschlaggebend sein. Jeder, der sich im Projektumfeld bewegt und die entsprechenden Nachrichten von sogenannten Desaster-Projekten verfolgt, kann die Zahl ungefähr einordnen.

Machtspiele, Innovationsdruck, der Wunsch Kundenbedürfnisse immer schneller zu befriedigen und der erste auf dem Markt zu sein, lassen die Arbeit weiter an Komplexität zunehmen. Projekte werden anspruchsvoller und was bisher gut funktioniert hat, bringt uns jetzt unter Umständen zum Scheitern. Genug Gründe um sich mit dem Thema auseinander zu setzen. Was ist Komplexität? Woran kann man erkennen, dass etwas komplex ist und wie kann damit umgegangen werden, beziehungsweise was sollte man lassen? Warum hat etwas früher funktioniert und heute klappt das nicht mehr? Darum soll es in diesem Buch gehen.

1.1   Die Idee

Alle reden davon und keiner tut etwas dagegen. Jeder kennt sie und keiner weiß, wie er damit umgehen soll. Sie ist die Ursache vielen Scheiterns und die Chance zu großartigem Neuem. Die Komplexität. Das ist die Idee hinter dieser Veröffentlichung. Das Bewusstsein zu schärfen, dass es in der heutigen Zeit ein Umdenken braucht, um Komplexität begegnen zu können.

Probleme von heute können nicht mit Methoden von gestern gelöst werden
In einer Welt, die primär aus Veränderung besteht, darf ich nicht stur an alten Gewohnheiten festhalten. Dass das nicht funktioniert, erleben wir heute in den eigenen Reihen leider viel zu oft und viel zu deutlich. Neben großen finanziellen Risiken birgt das Ignorieren von Komplexität auch ein hohes wirtschaftliches Risiko. Vorgehen, die früher funktioniert haben, um Probleme zu lösen, können im Kontext der heutigen Gesellschaftsform, der Erwartungen, dem Technologiestand etc. unter Umständen genau das Gegenteil erreichen.

Ein schönes Beispiel aus der Kindheitszeit ist Alice im Wunderland (Abb. 1.1). Als sie bei der Königin zum Krocket spielen eingeladen ist, hört sich das noch einfach an. Doch als sich der Schläger als Flamingo und die Kugel als Igel entpuppen nimmt die Situation plötzlich eine unangenehme Wendung an (Carroll 1865). Immerhin steht ihr Kopf auf dem Spiel. Das zeigt, wie komplex ein eigentlich einfacher Sachverhalt werden kann. Solche Situationen finden wir aber auch außerhalb von Märchenbüchern.

Die Medien berichten nur allzu oft von gescheiterten Großprojekten. An dieser Stelle soll nicht auf Projekte wie „Flughafen Berlin" oder „Stuttgart 21" eingegangen werden. Hierzu wird bereits genug in den Medien berichtet. Aber auch in unserem nahen Umfeld können wir einen Eindruck davon bekommen, was es bedeutet an Komplexität zu scheitern. Unabhängig von der Größe des Vorhabens, der Branche oder der Art des Projektes

Abb. 1.1 Krocketspiel
(Carroll 1865)

kommen wir doch immer wieder an diesen Punkt zurück. Beispiele aus Wirtschaft und Politik zeigen eindrücklich, wie hier große Investitionen buchstäblich in den Sand gesetzt werden. Zu nennen wäre da das Projekt des Kantons Zug (Schweiz) für die Einführung einer neuen Software für die Einwohnerkontrolle in Zusammenarbeit mit einem großen IT-Dienstleister. Das Projekt wurde aufgrund zu komplexer Anforderungen abgebrochen und kostete 2,8 Millionen Franken (inside-it.ch 2014). Die Schweizer Bundesbahn entwickelte 2012 eine mobile App für Vielfahrer um Kilometer zu sammeln, die dann wiederum in Prämien eingelöst werden konnten. Zwei Jahre später wird die Anwendung eingestellt. Grund hierfür: mangelnde Umsetzung nichtfunktionaler Anforderungen und daraus resultierende Ortungsprobleme und Verbindungsfehler. Auch hier wurden Millionen Verluste geschrieben. Der genaue Betrag wurde bisher nicht genannt (blick.ch 2014). Vielen ist das gescheiterte UBS Projekt „A-Risk" für das interne Risikomanagement bekannt. Fünf Jahre nach Einführung und mit über 100 Millionen Franken Investition gilt das Projekt weiter als gescheitert, weil die Darstellung der Risiken zu komplex sei, um damit arbeiten zu können (http://insideparadeplatz.ch/ 2013). So könnten noch zahlreiche weitere Beispiele aufgezeigt werden.

Wir wollen aber nun lieber schauen, was es mit der Komplexität auf sich hat, auf die wir das Scheitern der Projekte schieben. Allerdings muss ich gleich enttäuschen. Dieses Buch wird nicht helfen, jede Situation zu meistern. Auch stellt es kein Kochrezept für

Projektleiter dar und liefert keine entsprechende Erfolgsgarantie. Stattdessen soll es verdeutlichen, was Komplexität ausmacht, wie sie in Erscheinung tritt und was passieren kann, wenn sie ignoriert wird. Dabei ist es selbstverständlich von Vorteil, schnell zu erkennen, dass man sich in einem komplexen Umfeld befindet. Noch viel wichtiger ist aber, dass man offen dafür ist, es überhaupt wahrzunehmen. Denn auch wenn man erst nach einiger Zeit erkennt, dass die Projektsituation komplex ist oder wird, so kann immer noch rechtzeitig eingegriffen werden, hoffentlich bevor die Probleme einen „den Kopf kosten".

1.2   Hoffnung im Projektmanagement?!

„Hoffnung ist eine zuversichtliche innerliche Ausrichtung, gepaart mit einer positiven Erwartungshaltung, dass etwas Wünschenswertes in der Zukunft eintritt, ohne dass wirkliche Gewissheit darüber besteht" (Wikipedia 2 2014). So oder so ähnlich könnte Hoffnung definiert werden.

Wenn wir im Projektumfeld von Hoffnung sprechen, meinen wir, dass wir ein Ziel vor Augen haben und dieses auch gerne erreichen würden. Aber leider sind wir nicht sicher, ob wir es tatsächlich erreichen können. Diese Unsicherheit kann unterschiedliche Gründe haben. Sei es, dass wir nicht wissen, ob wir das richtige Handwerkszeug haben und dieses richtig benutzen, oder dass wir uns in unserer Rolle unsicher, vielleicht sogar auch überfordert fühlen. Wir müssen uns erst beweisen, haben Angst etwas falsch zu machen oder direkt ein schlechtes Bild abzugeben und einen Stempel aufgedrückt zu bekommen. Das bewegt uns dazu anders zu handeln, als wir es eigentlich tun würden, wenn wir in einem sicheren Umfeld wären, in dem wir uns auskennen und zuhause fühlen.

Projekte zeichnen sich dadurch aus, dass es sich immer um etwas Neuartiges handelt (Jakoby 2013). So liegt der Verdacht also nahe, dass diese Situation öfter in Projekten anzutreffen ist, als uns lieb ist. Gerade in der heutigen Zeit werden Projekte immer anspruchsvoller und komplexer. Systeme werden vernetzt, Anforderungen dynamischer und so weiter. Die Aufgaben können nicht mehr einfach durch analytisches Denken bewältigt werden. Oft schwingt Unsicherheit mit, ob die richtige Entscheidung getroffen wurde, die beste Lösung gewählt wurde, oder ob manche Probleme wirklich Probleme sind oder nur pessimistische Annahmen. Wieder kommen wir an den Punkt Hoffnung. Wir hoffen, es wird schon funktionieren, wir hoffen, dass die Entscheidung schon die richtige war und am Ende alles zusammenpasst. Manchmal sind wir hier vielleicht auch etwas naiv und zu gutgläubig. Wir denken, das Problem löst sich von allein oder keiner wird etwas von den Schwachstellen merken.

2013 wurde von der GPM (Gesellschaft für Projektmanagement in Deutschland) eine Umfrage zum Thema „Misserfolgsfaktoren in der Projektarbeit" (GPM 2013) durchgeführt. Unabhängig von der Branche und der Art des Projektes wurde immer unter den TOP fünf Antworten das Thema Komplexität im Projekt genannt. Eine andere Studie wurde von der Unternehmensberatung Roland Berger durchgeführt (Berger 2008). Hier wird ersichtlich, dass 20 % aller IT-Projekte abgebrochen werden; jedes zweite dauert länger oder wird teurer als geplant. Die Wahrscheinlichkeit des Scheiterns steigt mit der Dauer und Komplexität von Projekten. Warum sich also nicht mal mit dem Thema Komplexität im Projektmanagement beschäftigen und schauen, wo hier der Schuh drücket. Einfach mal unser gewohntes Verhalten in Frage stellen, um herauszufinden, ob es noch einen anderen Weg gibt als abzuwarten und zu hoffen. „Hoffnung ist ein gutes Frühstück, aber ein schlechtes Abendbrot." (Francis Bacon).

1.3   Das Zielpublikum

Das Thema Komplexität im Projektmanagement betrifft ganz unterschiedliche Personen. Zum einen natürlich Projektleiter, die lernen müssen, mit der Situation umzugehen, um ihren Auftrag erfolgreich zu Ende bringen zu können. Zum anderen ist das Buch für Auftraggeber, Projektsponsoren oder Mitglieder von Lenkungsausschüssen gedacht. Es ist wichtig das Verständnis dafür zu wecken, was es bedeutet, dass die beauftragten Projekte sich in einem komplexen Umfeld befinden. Das bringt entsprechende Risiken mit sich und fordert einen entsprechend angepassten Umgang auf allen Seiten. Zu ignorieren, dass hier ein besonderes Maß an angepasstem Verhalten notwendig ist, ist einer der grössten Fehler, die man hier machen kann. Diese Erkenntnisse sollen aus bereits gescheiterten Projekten ersichtlich sein. Stakeholder und Entscheider sollten sich ebenfalls mit dem Thema Komplexität auseinander setzten.

Umdenken im Projektmanagement auf allen Ebenen
Komplexität ist in der heutigen Zeit ein Thema, dem man fast nicht mehr ausweichen kann und mit dem man ständig konfrontiert wird. Traditionelle Methoden greifen hier oft nicht mehr und führen nicht zu dem gewünschten Ergebnis. Ein Umdenken wird notwendig. Das Thema richtet sich aber auch an alle Interessierten, die sich immer öfter die Frage stellen, warum Projekte scheitern, was die Ursachen sind und wie man dem begegnen kann, was Komplexität ist und wie sich das auf den Arbeitsalltag auswirkt.

1.4   Der Aufbau

Das Buch ist modular aufgebaut. Die Kapitel beziehen sich zwar inhaltlich aufeinander, können aber auch unabhängig voneinander, je nach Bedarf, gelesen werden. Ebenso ist aber auch das Durcharbeiten von vorne bis hinten möglich.

Zu Beginn wird kurz darauf eingegangen, was unter dem „Prinzip Hoffnung" verstanden wird. Darunter versteht man die Methode, die heute unbewusst im Einsatz ist und von vielen perfektioniert wird. Hier sollen sowohl die typischen Merkmale und Verhaltensweisen beleuchtet werden, aber auch die Risiken und Nebenwirkungen, die dieses Vorgehen mit sich bringt, kritisch betrachtet werden.

Als Ursache des Scheiterns des Prinzips Hoffnung wird die mangelnde Aufmerksamkeit auf die Komplexität des Projektes gesehen. Aus diesem Grund wird in einem kurzen theoretischen Block das Thema Komplexität beleuchtet. Dazu gehören neben der Definition auch die kurze Erläuterung des Cynefin Frameworks und dessen Anwendung, sowie die Beschreibung von zwei Sonderformen von Problemstellungen.

Komplexität selbst lässt sich nicht beherrschen: Jeder Versuch dies zu tun endet darin, dass die Komplexität einen selbst beherrscht und man im Chaos endet. Man kann nur lernen, damit umzugehen und sein Verhalten entsprechend anzupassen. Dafür muss man aber erst einmal registrieren, dass man sich in einem komplexen Umfeld befindet.

Anhand eines zweistufigen Modelles wird ein Vorgehen aufgezeigt, um Komplexität zu erkennen und damit umzugehen. In der ersten Stufe wird eine Standortbestimmung anhand von fünf Facetten durchgeführt. Praktische Fragen helfen hier sich selbst einzuschätzen und zeigen auf, wie diese Methode eingesetzt werden kann und welchen Nutzen sie mit sich bringt. Im zweiten Schritt betrachten wir sieben Dimensionen des Projektmanagements und untersuchen diese unter dem Gesichtspunkt der Komplexität. Hierfür wird jeweils diskutiert, welche Merkmale dieser Dimension unter dem Blickwinkel der Komplexität ausschlaggebend sind und wie man diesen Punkten im Projektgeschehen begegnen kann. Zudem werden typische Fallstricke angerissen und am Schluss eines jeden Kapitels nochmal eine kurzes Zusammenfassung in Form einer Übersicht gegeben.

Um den Unterschied zwischen der rosa Brille, beziehungsweise dem Prinzip Hoffnung und dem Umgang mit Komplexität zu veranschaulichen, werden wir ein Beispielprojekt von Guido und Klemens begleiten und beobachten wie sie handeln und was die Konsequenzen daraus sind. Beide sind Projektleiter, die auf ganz unterschiedliche Art Herausforderungen anpacken und versuchen die jeweiligen Situationen zu meistern. Während Guido das Kapitel einläutet und zeigt, wie für gewöhnlich mit dem Thema umgegangen wird, können wir Klemens am Ende des Kapitels beobachten, wie er versucht, das Gelernte, über dem Umgang mit Komplexität, umzusetzen.

Am Ende des Buches schließt sich noch ein Abschnitt an, in dem typische Fehlerquellen aufgezeigt werden, die nicht unbedingt an eine der Dimensionen gebunden sind, sondern sich mehr im Mindset und Verhalten der im Projekt beteiligten Personen wieder finden.

Zusammenfassend gibt es noch eine grafische Übersicht. Sie soll dem Leser im Alltag helfen, das Gelesene anzuwenden, ohne immer im Buch nachblättern zu müssen und ohne Gefahr zu laufen, mit dem Schließen und Weglegen des Buches auch das Thema ad acta zu legen.

Literatur

Berger, R.: *Projekte mit Launch Management auf Kurs halten Warum IT-Großprojekte häufig kentern und Projekterfolg kein Glücksspiel ist*, Internet, 26.08.2008, (http://www.rolandberger.com/media/pdf/Roland_Berger_Launch_Management_D_20080826.pdf.)

Blick.ch, *Der millionenteure App-Flop der SBB* , Internet, 27.05.2014 (http://www.blick.ch/news/
schweiz/aus-fuer-mobilbonus-der-millionenteure-app-flop-der-sbb-id2876110.html.)

Bloch, E.: *Das Prinzip Hoffnung*, Berlin, Suhrkamp, 1974

Carroll, L.: *Alice im Wunderland*, London, 1865

GPM, *Misserfolgsfaktoren in der Projektarbeit*, Internet, 2013 (http://www.gpm-ipma.de/know_
how/studienergebnisse/misserfolgsfaktoren_in_der_projektarbeit.html.)

http://insideparadeplatz.ch/., *UBS versenkt Hunderte Millionen in Risk-Projekt,* Internet, 9.01.2013
(http://insideparadeplatz.ch/2013/01/09/ubs-versenkt-hunderte-von-millionen-in-risk-projekt/.)

Inside-it.ch, Nachwehen des Zuger IT-Flops, Internet, 27.06.2014 (http://www.inside-it.ch/articles/
36830.)

Jakoby, W.: *Projektmanagement für Ingenieure: Ein praxisnahes Lehrbuch für den systematischen
Projekterfolg*, 2. Auflage, Wiesbaden, Springer+Vieweg, 2013, S. 8

Liebhart, D.: *Das Märchen von den gescheiterten IT-Projekten*, netzwoche 6/2009

Pavlik, F.: *Warum IT-Projekte häufig scheitern*, Internet, 28.07.2014 (http://www.domendos.com/
index.php?id=150&no_cache=1&type=98.)

Standish Group, *Chaos Report 2014*, 2014, Internet (http://www.projectsmart.co.uk/docs/chaos-
report.pdf). Zugegriffen am 26.01.2004.

Wikipedia 2, Hoffnung, Internet, 22. Okt. 2014 (http://de.wikipedia.org/wiki/Hoffnung.)

Das Prinzip „Hoffnung" oder die „rosarote Brille"

2

Zusammenfassung

Im vorherigen Kapitel (Kap. 1) wurde darauf eingegangen, dass Komplexität heute eine wichtige Rolle spielt. Dieses Kapitel nun soll diese Aussage nochmals verdeutlichen. Es werden plakativ Merkmale aufgezeigt, die heute immer wieder im Projektmanagement anzutreffen sind und ihren Beitrag dazu leisten, Projekte zum Scheitern zu bringen. Sei es beispielsweise durch Schönmalen des aktuellen Status oder durch Aussitzen von Problemen. Neben den Merkmalen wird auch der Frage nachgegangen, warum diese Handlungsweisen eigentlich so oft anzutreffen sind. Nicht zu Letzt wird aufgezeigt, was es bedeutet, wenn weiter an dieser Denkweise festgehalten wird.

Oftmals finden wir in unserem Umfeld Projektleiter, die nach dem Prinzip Hoffnung arbeiten. Überspitzt kann man hier auch sagen, dass sie eine „rosarote Brille" tragen. Wenn jemand eine rosarote Brille trägt, verstehen wir darunter jemand, der allzu optimistisch ist und eine Sichtweise hat, die eher den eigenen Wünschen als der Realität entspricht. Der Begriff kommt aus der Farbenlehre, in der rosa bzw. rot als Farbe der Liebe eingestuft wird und das Gegenteil zu schwarz, der Farbe des Unglücks, darstellt. Setzt jemand eine rosarote Brille auf, so färbt er das Schwarze in seiner Umwelt in rosarot, um es nicht mehr sehen zu müssen (redensarten-index.de 2014). Henry Louis Mencken hat dazu treffend gesagt „Hoffnung ist der krankhafte Glaube an den Eintritt des Unmöglichen." Wir kennen das Verhalten und den Ausspruch, wenn wir an frisch verliebte Personen in unserem Umfeld denken. Alles wird positiv gesehen, jede Macke verniedlicht und es gibt nichts Negatives. Unsere Projektleiter sind zwar nicht ständig unsterblich in ihr Projekt verliebt, scheinen aber doch hier und da unter dem Symptom der rosaroten Brille zu „leiden". Doch wie wirkt sich eine rosarote Brille in ihrem Alltag aus?

© Springer Fachmedien Wiesbaden 2015
S. Lange, *Komplexität im Projektmanagement*,
DOI 10.1007/978-3-658-09972-5_2

2.1   Merkmale einer rosa Brille

Nachfolgend werden fünf Merkmale vorgestellt, die das typische Verhalten von Projektleitern widerspiegeln, die unter so einem „Rosarote Brille" Syndrom leiden.

Wassermelone
Ziemlich offensichtlich wird die rosa Brille, wenn ein „**Wassermelonen** Status" abgegeben wird. Das bedeutet, nach außen berichtet der Projektleiter den Zustand grün, im inneren des Projektes sieht es jedoch dunkelrot aus. Diese Strategie ist sehr gefährlich, da das Projekt langsam aber sicher von innen heraus, ähnlich wie eine in der Sonne liegende Wassermelone, „faulig" und „matschig" wird. Früher oder später wird das sichtbar, sei es durch den Geruch, die sich einnistenden Fliegen oder einfach, weil jemand die Melone aufschneidet. Bis das an das Tageslicht, also zum Lenkungsausschuss kommt und öffentlich im Projekt kommuniziert wird, ist es oftmals schon zu spät. Das Problem wurde zu lange schön geredet und geleugnet. Dabei spielt es keine Rolle, ob die Teammitglieder Wassermelonen zum Projektleiter bringen, oder der Projektleiter zum Auftraggeber. Gefährlich ist jede dieser Situationen. Auch die Motivation für die Melonenträger ist zunächst irrelevant. Egal ob der Auftraggeber keinen roten Status zulässt, aus welchen Gründen auch immer, oder das Team Angst vor dem Projektleiter hat. Vielleicht will der Projektleiter auch sein Gesicht nicht verlieren und berichtet deswegen einen anderen Status. Die Spätfolgen einer ausgebliebenen oder viel zu spät eingeleiteten Aktion können nur schwer behoben werden. Gerne finden wir solche Wassermelonen, wenn ein Arbeitspaket fast fertig ist und eigentlich ja erledigt ist. Da ist nur noch eine Kleinigkeit. Oder der Planungspuffer ist aufgebraucht und wir befinden uns auf dem kritischen Pfad. Gerne denken wir: „Aber wenn alles glatt läuft, jeder seine 100 % arbeitet und niemand krank wird und nichts Unvorhergesehenes passiert, dann könnte es ja noch klappen". Für meinen Geschmack haben wir hier etwas zu viel Konjunktiv in der Aussage. Ich habe vorher angemerkt, dass die Motive keine Rolle spielen. Das stimmt nur bedingt. Die Auswirkung ist immer dieselbe, egal welche Motive die Ursache für die Wassermelonen sind. Wenn man aber gegen diese Kultur antreten will, muss man sehr wohl wissen, was der Ursprung des Ganzen ist. Denn nur dann kann an der entsprechenden Stelle angesetzt und ein Wandel in der Denkweise hervorgerufen werden.

Konfliktslalom
Konfliktslalom ist keine neue olympische Disziplin, sondern eine beliebte Sportart einiger Projektleiter. Sie sind harmoniebedürftig und versuchen daher allen Konflikten aus dem Weg zu gehen. Dazu gehört unter anderem auch, dass Probleme und schlechte Nachrichten nicht kommuniziert werden, was unweigerlich wieder zu unserem Bild der Wassermelone führt. Unspezifische Hypothesen und Ziele, wie „Alle sollen zufrieden sein" sind hier oft anzutreffen. Negative Nachrichten werden verschönt oder versteckt dargestellt. Man sagt auch gerne, die Probleme stehen auf der Rückseite des Dialogfensters der Anwendung oder sind in weißer Schrift auf das Papier geschrieben. Konflikten aus dem Weg zu gehen kann auch heißen, sie zu delegieren und auf jemand anderen

abzuschieben oder eben Personen und Situationen zu meiden, die Konflikte hervorrufen. So werden in Meetings nur die Personen eingeladen, mit denen wir gerne, in Harmonie zusammenarbeiten.

Jogurt im Kühlschrank

Mein persönlicher Liebling unter den Merkmalen einer rosa Brille ist der **Jogurt im Kühlschrank**. Das Mindesthaltbarkeitsdatum ist schon abgelaufen, aber der Deckel vom Becher wölbt sich noch nicht. Man ist sich nicht sicher, ob er noch essbar ist oder nicht. Ihn zu essen ist zu unsicher, falls er schlecht ist. Wegwerfen will man ihn aber auch nicht. Er könnte ja noch gut sein. Also lässt man ihn einfach so lange im Kühlschrank stehen, bis er sicher nicht mehr genießbar ist und sich der Deckel hebt. Im Kühlschrank stört er nicht, er fällt nicht auf, und wenn sich der Deckel wölbt, dann kann ich mir sicher sein, nichts Gutes wegzuwerfen, sondern nur etwas Ungenießbares. Probleme und Entscheidungen werden also herausgezögert, bis man unweigerlich damit zu tun bekommt. Sei es, weil das Problem dann offensichtlich geworden ist oder weil andere uns darauf ansprechen. Es zeigt sich eine Fluchttendenz. Man zieht sich von Problemen zurück und sitzt das Thema aus. Es wird zwar angesprochen, man ist sich dem Problem auch bewusst, aber die Entscheidung wird herausgezögert. Vielleicht weil man nicht weiß, wie man das Problem angehen soll unter Umständen aber auch aus Angst eine falsche Entscheidung zu treffen.

Problemschaukel

Eine **Problemschaukel** zeichnet sich dadurch aus, dass ein Problem sich ganz klein abzeichnet. Es fängt an, sich langsam bemerkbar zu machen und die Schwingung ist ganz leicht spürbar. Jedoch wird es gekonnt ignoriert, keiner achtet darauf oder nimmt es wahr. Das Problem wird ausgesessen und andere Themen vorgeschoben. Dadurch beginnt sich das ursprüngliche Problem hoch zu schaukeln. Es wird immer größer, nimmt immer mehr Fahrt auf und gewinnt an Schwung. Wer jetzt unglücklich in die Bahn kommt wird umgerissen. Jeder geht in Sicherheit, denn keiner will sich hier erwischen lassen. Das Problem jetzt aufzuhalten und zu stoppen erscheint als wagemutig und fast nicht mehr möglich. In solchen Fällen greift man oft zu einem Bauernopfer. Irgendjemand muss her, der sich der Schaukel in den Weg stellt, auch wenn wir danach im weiteren Projekt auf die Person verzichten müssen. Das Problem steht nicht für sich allein, sondern beeinflusst andere Gebiete und hat Auswirkungen auf den weiteren Projektverlauf. Dieses Phänomen wird auch gerne als Schmetterlingseffekt oder schwache Kausalität bezeichnet. Die Entscheidung wird nicht nur herausgezögert, sondern man nimmt unwissentlich Einfluss auf andere Bereiche im Projekt, Architektur- oder allgemein Technologieentscheidungen. Softwareprojekte sind hier als Beispiel prädestiniert.

Das Bingo Spiel

Das **Bingo-Spiel** bezeichnet die Strategie, einfach mal zu warten was passiert und zu hoffen, dass man am Ende auch Glück hat. Genauso wie man beim Bingo wartet, dass die eigenen Zahlen kommen und man auf seinen Zettel die Zahl einfach streichen kann. So wird gewartet, dass sich das Problem von alleine löst. Irgendwann wird es schon so weit sein, es wird sich auflösen und es kann gestrichen werden. Etwas Glück gehört wie überall im Leben dazu. Und während man wartet, dass sich das Problem löst, kann man sich ja auch um andere Dinge kümmern und beispielsweise die Planung überarbeiten oder diverse Szenarien planen.

2.2   Warum ist diese Methode so beliebt?

Es gibt wohl genauso viele unterschiedliche Gründe, warum Menschen nach dem Prinzip Hoffnung arbeiten, wie es unterschiedliche Menschen gibt. Viele dieser Gründe sind leicht nachvollziehbar und den einen oder anderen Verhaltenszug kann bestimmt jeder bei sich entdecken, wenn er sich selbst bewusst beobachtet. Auch wenn wir es nicht (zugeben) wollen, so fallen wir doch immer wieder in unsere gewohnten Muster zurück. Das ist aber auch nicht schlimm, solange wir dies erkennen und sofort dagegen steuern. Hier möchte ich ein paar Verhaltensmuster zeigen, die ich im Laufe der Zeit erkennen konnte. Natürlich sind diese etwas überspitzt und es gibt auch Zwischenformen. Erkennen Sie sich irgendwo wieder?

Der naive Optimist
Der **naive Optimist** gehört einer Personenart an, die grundsätzlich positiv eingestellt ist. So positiv, dass sie immer an das Gute glaubt. Sei es in der Entwicklung von Situationen oder dem Verhalten von Menschen. Dass etwas schlecht ausgehen könnte, will die Person nicht gerne hören. Eine Portion Glück gehört für sie zur Grundausstattung eines Projektleiters. Überspitzt kann dieser Optimismus auch in Naivität umschwenken. Wenn man sich nichts sagen lässt und auch die deutlichsten Zeichen nicht wahr haben will, sondern standhaft ignoriert. Ein Abwarten und der Situation noch eine Chance geben, ist einer ihrer Wesenszüge. Nicht zu früh eingreifen, das regelt sich bestimmt noch von allein und ist auch gar nicht so schlimm – so hofft die Person. Glück gehört zur Grundausstattung. An der Stelle sei noch angemerkt, dass die Einstellung per se nicht schlecht ist. Wie aber bei allem gilt es, die richtige Dosierung zu finden.

Der vielbeschäftigte Verdränger
Bei dem **vielbeschäftigten Verdränger** wird das Problem einfach zur Seite geschoben und verdrängt. Man will die Schwierigkeiten nicht wahrhaben und beschäftigt sich lieber mit anderen Aufgaben, die anfallen. Es gibt ja genug zu tun, um sich abzulenken und Themen, die einfacher zu handhaben sind. Diese Themen sind vielleicht nicht so dringend und auch nicht wichtig, aber sie halten beschäftigt und sorgen dafür, dass man nicht an die eigenen Probleme denken muss. Und vor allem können die anderen Aufgaben angegangen werden, die im Vergleich zu dem Problem, einfacher zu lösen sind. Dass sich die Probleme dadurch nicht lösen, ist leider in der Vielzahl der Fälle die Realität, auch wenn es genug Aufgaben gibt die sich durch Warten scheinbar von alleine erledigen. Das ist aber nicht die Art von Problemen, um die es hier gehen soll.

Der schüchterne Angsthase

Oftmals steht hier die Unsicherheit im Vordergrund bei dem **schüchternen Angsthasen**. Die Frage danach, was die anderen von einem denken beherrscht das Handeln. Man möchte nicht als Pessimist da stehen, wenn man Probleme adressiert und anspricht. Ganz oft kommen Sätze in den Sinn, die Anfangen mit „Was, wenn die anderen…". Vielleicht wird damit auch eine große Welle losgetreten, man erregt Aufmerksamkeit und am Ende stellt sich heraus, dass der Trubel komplett unbegründet war. Auch die Angst davor, an Ansehen zu verlieren, kann oft ein Auslöser sein. Den Schein zu erwecken, man habe seine Aufgabe nicht im Griff, wenn es Probleme gibt. Je nach Kultur kann das Aufzeigen von Problemen auch Scheitern oder Aufgeben bedeuten. Wenn man nicht richtig weiß, wie etwas kommuniziert werden soll, lässt man es lieber bleiben. Nicht das etwas „in den falschen Hals" kommt. Vielleicht spielt hier auch das eigene Selbstbewusstsein eine Rolle. Was traut man sich selber zu, wie nimmt man sich selber wahr und was denkt man, wie man von anderen wahrgenommen wird.

Der lustlose Delegator

Dann gibt es noch den **lustlosen Delegator**. Dieser Zeitgenosse ist meist zu bequem, um sich mit einem unangenehmen Thema zu beschäftigen. Es ist ihm lästig und er empfindet es als zeitaufwändig und mühsam. Sicherlich handelt es sich oft um eine Mischung der unterschiedlichen Gedankengänge und Beweggründe. Es ist einfacher nichts zu tun beziehungsweise den Umgang mit den Problemen zu delegieren und damit die Verantwortung an andere abzuschieben. „Nimm du ihn, ich hab ihn sicher" ist in dem Zusammenhang ein altbekanntes und dennoch immer aktuelles Zitat aus dem Fussball. Es kommt immer dann zum Tragen, wenn in einer scheinbar offensichtlichen Situation der Spieler den Ball an sich vorbei ziehen lässt, anstatt ihn anzunehmen. Andererseits bleibt durch das Delegieren auch mehr Zeit um sich um andere, vermeintlich wichtigere Dinge zu kümmern. Für kurze Zeit erscheint es so, als wenn diese Methode weiter hilft und Freiraum schafft.

2.3   Wenn die rosa Brille Kratzer bekommt

Gute Entscheidung – schlechte Entscheidung. Oder mit den Worten aus Alice im Wunderland zu sagen: „Eine Seite macht dich größer, und die andere Seite macht dich kleiner" (Abb. 2.1). Das Prinzip Hoffnung heißt zu vermuten, dass eine Lösung vor einem liegt und einfach zu hoffen, dass die richtige Seite gewählt wird. Doch dann kommt das Erwachen. Die Strategie hält nicht, was sie verspricht, die Situation eskaliert. Das sind die Momente, in denen man feststellt, dass die beschriebenen Methoden nicht von Erfolg gekrönt waren. Die Wassermelone ist nun durch und durch verfault und nicht mehr zu genießen. Beim Slalom hat man so an Fahrt aufgenommen, dass man ins Straucheln kommt, sich in einer Stange verfangen und schließlich eine Bruchlandung erlitten hat. Der Jogurt ist nun definitiv schlecht, es ist Sonntag, die Läden haben zu und man bräuchte dringend einen genießbaren Jogurt für ein Rezept. Die Schaukel hat so viel Kraft

Abb. 2.1 Der Rat der Raupe
(Carroll 1865)

bekommen und nähert sich einem Überschlag. Sie ist nicht mehr zu bremsen. Der Bingo Zettel ist immer noch jungfräulich und die anderer haben bereits die Preise abgeräumt, während man selbst ohne etwas dasteht. Das Glück hat mich verlassen, die Probleme sind nun so groß, dass sie unlösbar erscheinen. Ein dagegen steuern scheint nun fast unmöglich und es droht die Eskalation. Zu einem früheren Zeitpunkt hätte es noch funktioniert, da hätte man noch etwas tun und eingreifen können, aber jetzt bleibt nur das Wort „hätte". Es kostet enorm viel Aufwand, um die Dinge grade zu biegen, falls dies überhaupt noch möglich ist. Oftmals bedarf es nun auch Hilfe von außen. Schadensminimierung ist das Zauberwort. Nun ist es zu spät, um weg zu schauen und sich zu verstecken. Jetzt muss man sich der Situation stellen, auch wenn es extrem unangenehm ist. „Sie dürfen jetzt nur nicht den Sand in den Kopf stecken" (Lothar Matthäus).

2.4 Was am Ende bleibt

Es bleibt hier also die Hoffnung und das Vertrauen darauf, dass einen das Glück nicht im Stich lässt. Diese Haltung sorgt allerdings dafür, dass der Projekterfolg nicht nachhaltig verfolgt werden kann. Denn ein stilles Hoffen heißt auch sich nicht sicher sein zu können, ob das Ziel erreicht werden kann. Die Portion Glück ist sehr willkürlich und nicht beeinflussbar. Glück bedeutet, bei einem Projekt kann mein Vorgehen scheitern, während es bei einem anderen Vorhaben Frucht trägt. Die Glaubwürdigkeit und das Vertrauen in die Arbeit als Projektleiter leiden unter dieser Unberechenbarkeit. Der Ruf nicht zu kommunizieren, Probleme zu verdecken und nicht offen zu legen holt einen ein. Schlechte Kommunikation und daraus resultierende Probleme enden in mangelndem Vertrauen und können im Weiteren dazu führen, dass keine Folgeaufträge mehr vergeben werden. All das kann sein, muss aber nicht. Glück eben.

2.5   Die Hoffnung stirbt zuletzt

Bestimmt gehört zu jedem Projekt auch eine Portion Glück dazu, was die Rahmenbedingungen angeht, oder einfach zur rechten Zeit mit den richtigen Leuten das Thema anzugehen. Aber auch wenn die Ausgangslage nicht so glücklich erscheint, muss das nicht bedeuten, dass das Projekt hoffnungslos ist. Ich meine hoffnungslos in dem Sinn, dass man nichts tun kann, um den Projekterfolg zu sichern. Denn ich kann das Glück nicht in die eigene Hand nehmen und aktiv beeinflussen. Aber ich kann die Herausforderungen erkennen, Handlungsspielraum wahrnehmen und beginnen zu agieren anstatt zu reagieren. Ich kann anfangen, mir der Komplexität im Projektmanagement bewusst zu werden und entsprechend zu lernen damit umzugehen und alte Muster zu durchbrechen. Machen wir uns also auf den Weg.

Literatur

Carroll, L.: *Alice im Wunderland*, London, 1865

Redensarten-index.de, *etwas /alles durch die rosarote Brille sehen*, Internet, 27.10.2014, (http://www.redensarten-index.de/suche.php?suchbegriff=~~etwas%20%2F%20alles%20durch%20die%20rosarote%20Brille%20sehen&bool=relevanz&suchspalte%5B%5D=rart_ou.)

Hinab ins Kaninchenloch – Die Wesenszüge der Komplexität

3

Zusammenfassung

Als Fortführung des letzten Kapitels (Kap. 2) wird nun erklärt, was Komplexität eigentlich bedeutet. Und zwar sowohl hinsichtlich der ursprünglichen Definition und den Eigenschaften, die komplexe Systeme mit sich bringen, als auch in Abgrenzung zu komplizierten und chaotischen Systemen. In dem Zusammenhang bleibt es natürlich nicht aus kurz auf das Cynefin Framework einzugehen. Als Ergänzung hierzu werden auch „wicked problems" und „das Rote Königin Prinzip" betrachtet.

Wagen wir uns einmal hinab ins Kaninchenloch (Abb. 3.1) und betrachten das Thema Komplexität. Ein Terrain, dass wir nicht jeden Tag betreten und das uns fremd erscheint. Lassen Sie uns eintauchen in ein Gebiet, das uns herausfordert, eine andere Denkweise, vielleicht auch Handlungsweisen anzunehmen, die im ersten Schritt unkonventionell und fremd erscheinen. Wagen wir es einmal, das Gewohnte zu verlassen und mutig zu sein. Ebenso, wie wir es jeden Tag in unseren Projekten mit Neuem zu tun haben.

3.1 Komplexität, was ist das

Was genau versteht man unter Komplexität? Es gibt eine Vielzahl an Definitionen und Meinungen hierzu. Da das Thema Komplexität an sich aber auch vielschichtig erscheint, versuche ich die Eingrenzung anhand von sechs Charakteristika vorzunehmen, die meiner Meinung nach das Thema am besten beschreiben. Zu jedem Punkt gibt es ein kleines Beispiel. Das einzelne Beispiel für sich genommen überzeugt noch nicht davon, dass ein Thema komplex ist. Interessant wird es, wenn mehrere oder sogar alle sechs Aspekte

© Springer Fachmedien Wiesbaden 2015
S. Lange, *Komplexität im Projektmanagement*,
DOI 10.1007/978-3-658-09972-5_3

Abb. 3.1 Das Kaninchenloch
(Carroll 1865)

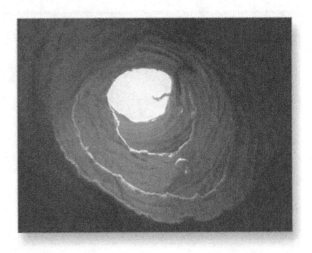

zusammen kommen und alles in einem großen Ganzen betrachtet wird. Aber schauen wir uns einmal die Kriterien an (konsolidiert in Anlehnung an Cilliers 1998):

1. Geschichte
   Projekte, die eine Geschichte haben sind vom Betrachtungsgegenstand nicht vollständig erfassbar und historisch gewachsen. Kein System wird komplex gebaut. Dazu sind wir gar nicht in der Lage. Wir schaffen es maximal komplizierte Systeme zu entwerfen, die ein Experte, oder eben derjenige der sie entworfen hat, im besten Fall noch selbst versteht. Versteht selbst der Entwickler das System nicht mehr, weil es sich in der Zwischenzeit so verändert hat, dann haben wir die Grenze zur Komplexität schon überschritten. Die Geschichte kann auch im Zusammenhang mit einem Projekt oder einer Organisation relevant sein, beispielsweise wenn das Unternehmen bereits zahlreiche Fusionen hinter sich hat und daher kulturell und auch von der Systemlandschaft viele Kompromisse eingehen musste und dabei viel verändert wurde. Geschichte kann auch bedeuten, dass bereits mehrere Projekte dieser Art gestartet, aber immer wieder abgebrochen und dadurch die Mitarbeiter in ihrer Einstellung zu diesem Thema geprägt wurden.
2. Nichtlinearität
   Die Entwicklung und das Verhalten des Systems sind nicht mit Sicherheit vorhersehbar. Solche Systeme, sowohl soziale als auch technische, verhalten sich nicht linear. Eine Verdopplung von „a" führt nicht zwangsläufig zu einer Verdopplung von „b". Typisches Beispiel, welches das sehr schön veranschaulicht, ist die Anzahl Mitarbeiter in einem Team. Drei Personen erledigen die Arbeit in 10 Tagen. Wenn nun das Team auf sechs Personen erweitert wird, wird das nicht unbedingt bedeuten, dass die Aufgabe auch doppelt so schnell, also in fünf statt in 10 Tagen, erledigt wird. Es muss in Kausalnetzen gedacht werden anstatt in Kausalketten.
3. Verzögerung
   Die Auswirkung einer Aktion ist im Zusammenhang mit der Verzögerung im Zeitablauf nicht sofort offensichtlich und hat kurz- und langfristig stark unterschiedliche

Auswirkung. Denken wir an den Wasserhahn unserer Dusche zuhause mit einem Mischhebel. Ich wohne im Dachgeschoss und dusche für gewöhnlich morgens. Entgegen aller Annahmen dusche ich auch morgens gerne warm. Ich schalte das Wasser an und es ist eisig kalt. Also drehe ich den Hebel nach links bis es warm wird. Ich freue mich, stelle mich unter das Wasser und habe mich ein paar Sekunden später fast an dem zu heißem Wasser verbrüht. Ich drehe den Hebel ruckartig wieder nach rechts. Das Wasser ist wieder eiskalt. Also muss ich es wieder wärmer stellen. So geht es eine Weile hin und her bis dann endlich die richtige Temperatur erreicht ist. Die Verzögerung entsteht durch kaltes Wasser, welches noch in der Leitung ist bevor Warmwasser nach-fließen kann. Das ist aber nicht sofort ersichtlich, besonders nicht für jemanden der morgens verschlafen unter der Dusche steht. Solche Verzögerungen machen die gezielte Regelung eines Systems schwierig oder manchmal sogar unmöglich.

4. Rückkopplung

Offensichtliche Intervention führt zu nicht offensichtlichen Konsequenzen. Hier ein Beispiel aus dem Produktionsgewerbe. Um Produkte günstiger anbieten zu können müssen Kosten eingespart werden. Hierfür wird entschieden, den Lieferanten zu wech-seln. So können beim Materialeinkauf Kosten gespart werden. Leider stellt sich bald heraus, dass das günstigere Material auch Qualitätsmängel aufweist und nicht so stabil ist wie das bisherige. Damit kommt es zu Schwachstellen und Problemen im System und einer kürzeren Lebensdauer. Diese zu beheben oder zu ersetzen ist mit erhebli-chem Mehraufwand verbunden, der so nicht eingeplant war. Ebenso sinkt die Kundenzufriedenheit, was sich auf den Produktabsatz auswirkt und wieder zu Gewinneinbussen führt. Diese Situation beschreibt ein wichtiges Kennzeichen: Komplexe Systeme können in ihrem Verhalten nicht vollumfänglich beschrieben wer-den, ansonsten wären sie „nur" kompliziert. Solche Rückkopplungen werden auch als multikausale Zusammenhänge bezeichnet. Sie sind nur sehr schwer vollumfänglich im Voraus abschätzbar.

5. Akkumulation

Unter Akkumulation versteht man viele Variablen, die miteinander vernetzt sind. Wenn ich beispielsweise an die Berechnung meiner Krankenkassenprämie denke, so spielen neben meinem Alter und Geschlecht, auch Wohnort, Straße, Familienstand, Beruf etc. in die Berechnung meiner Prämie hinein. Wenn es dann noch Prämienprogramme gibt, kommt noch dazu, ob jemand aus der Familie schon dort versichert ist, wo ich selbst seither versichert war und so weiter. Der Kreativität der Krankenversicherungen ist hier keine Grenze gesetzt. Akkumulation bedeutet also einfach formuliert, dass sehr viele Variablen miteinander verflochten sind und zusammenhängen, so dass es fast unmöglich ist, deren direkte und indirekte Beeinflussung zu erfassen. Dadurch entsteht eine Eigendynamik mit einer eingebetteten Unvorhersehbarkeit.

6. Leistungsfähigkeit

Wertschöpfung und Komplexität stehen nicht linear zueinander. Es ist ein Irrglaube davon auszugehen, dass in ein komplexer werdendes System auch immer mehr Funktionen und Regeln eingebaut werden und gleichzeitig die Wertschöpfung, also der

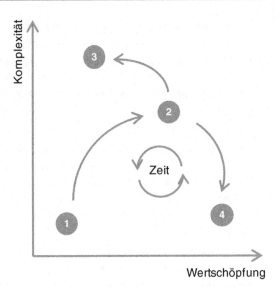

Abb. 3.2 Schaubild zur
Leistungsfähigkeit
(Ward 2014)

Nutzen des Systems in gleichem Maße zunimmt. Das mag zu Beginn noch zutreffen (vgl. Punkt 1 in Abb. 3.2 zur Leistungsfähigkeit). Es gibt einen Punkt, an dem ist das Optimum erreicht (vgl. Punkt 2 in Abb. 4 zur Leistungsfähigkeit). Ab dann dient jede neue Optimierung nur noch der Komplexitätssteigerung und geht einher mit einem Verlust an Wertschöpfung (vgl. Punkt 3). Eine Wertsteigerung wird durch neue Funktionen nicht mehr erzielt. In diesem Fall hilft nur noch, sich auf die Kernaufgaben zu besinnen und alles zu verschlanken bis wirklich noch der Kern der Wertschöpfungserbringung übrig ist und jegliche Komplexität aus dem System genommen wurde (vgl. Punkt 4). Von diesem Punkt an kann wieder weiter gegangen werden. Ein Kreislauf beginnt.

Diese sechs Eigenschaften „Geschichte", „Nichtlinearität", „Verzögerung", „Rückkopplung", „Akkumulation" und „Leistungsfähigkeit" beschreiben also ein komplexes System. Dabei spielt die Art, um was für ein System es sich handelt, keine Rolle. Es kann ein Produktionsprozess, eine Software, eine Organisation oder ein Bauvorhaben sein; völlig gleich.

3.2   Warum spielt Komplexität heute eine Rolle

Wir können uns gegen Komplexität nicht wehren

Die Eigenschaften begegnen uns immer wieder auf die eine oder andere Art. Meist geschieht dies in unterschiedlicher Ausprägung, Stärke und Gewichtung. Die Anforderungen werden immer umfangreicher. Immer schneller muss auf die Umwelt reagiert werden. Neue Systeme sind oft schon so aufgebaut, dass hier leicht reagiert werden kann. Alte Systeme sind hier zum Teil noch sehr träge. Das bedeutet es werden Workarounds geschaffen. Ein Bug im Framework wird sich zu Eigen gemacht (was dann beim nächsten Framework Patch zu unerwarteten Überraschungen führt), Quick-and-dirty Lösungen sind auf der Tagesordnung, Geld und Zeitmangel prägen die Ergebnisse. „Gewachsene Systeme" und „historisch bedingt" sind in diesem Zusammenhang gern verwendete Aussagen und sichere Kandidaten beim Buzzword-Bingo. Wer hat schon die Zeit und das Geld heute alles noch einmal neu und sauber aufzusetzen. Also werden Alt- und Neusysteme miteinander vernetzt. Auch das Umfeld wird immer anspruchsvoller. Internationale Projekte, Globalisierung, all-in-one Visionen, das Internet, das das Verhalten der Kunden geprägt hat, all das trägt dazu bei, dass Projekte an Herausforderungen und Komplexität gewinnen. Wir können uns dagegen fast nicht wehren. Es ist unvermeidlich und wir begegnen diesen Rahmenbedingungen überall (Vester 2011). Da wir also nicht flüchten können, bleibt nur die andere Alternative, der Situation ins Auge zu schauen und sich ihr zu stellen. Im Folgenden soll die Abgrenzung von Komplexität noch etwas genauer betrachtet werden, bevor es dann konkret darum geht, wie wir ihr im Alltag begegnen und mit ihr umgehen können.

Komplex ist ein System also immer in Hinblick auf einen bestimmten Akteur und den dazugehörigen Kontext

Eine hohe Komplexität stellt hohe Anforderungen an die Menschen, die mit ihr umgehen müssen. Informationen müssen gesammelt werden, integriert und zu Handlungen transformiert werden. Überschreitet man die Verarbeitungskapazität des Einzelnen, dann muss die Information auf das Notwendigstes reduziert werden, damit man nicht in die Komplexitätsfalle tritt (Pruckner 2005). Komplexität lässt sich schwer messen, da unsere sechs Kriterien berücksichtigt werden müssen und immer unterschiedlich verteilt sind. Zudem ist Komplexität eine subjektive Größe. Ein System ist also komplex immer in Hinblick auf einen bestimmten Akteur und den dazugehörigen Kontext.

3.3 Etwas Theorie – Das Cynefin Framework

Das Cynefin-Framework ist ein Wissensmanagement-Modell, das verwendet wird, um Probleme, Situationen und Systeme zu beschreiben. Das Modell liefert eine Typologie von Kontexten, die einen Anhaltspunkt bieten, welche Art von Erklärungen und/oder Lösungen zutreffen können (Abb. 3.3, Snowde 2012).

Einen Bereich dieses Modells stellen eben komplexe Systeme dar. Aus dem Grund soll an dieser Stelle die Theorie etwas genauer beleuchtet werden.

Alles hat Einfluss auf unsere Umwelt und das System in dem wir uns bewegen

Das walische Wort „Cynefin" wird meist mit 'Lebensraum' oder 'Platz' übersetzt. Der Begriff wurde von Dave Snowden gewählt. In seinem Modell, mit gleichem Namen, wird die evolutionäre Natur komplexer Systeme dargestellt, einschließlich ihrer inhärenten Unsicherheit. Der Name soll daran erinnern, dass alle menschlichen Interaktionen stark von unseren Erfahrungen beeinflusst und häufig ganz davon bestimmt sind. Dies geschieht sowohl durch den direkten Einfluss, der persönlichen Erfahrung, als auch durch kollektive

Abb. 3.3 Cynefin Framework (Bayer 2010)

Erfahrung, wie Geschichten oder Musik. Das alles hat Einfluss auf unsere Umwelt und das System in dem wir uns bewegen.

Das Cynefin Framework stützt sich auf Forschungen aus der Theorie komplexer adaptiver Systeme, Kognitionswissenschaft, Anthropologie und narrative Muster sowie der evolutionären Psychologie. Es untersucht die Beziehung zwischen Mensch, Erfahrung und Kontext (HBR 2007) und schlägt neue Wege vor für Kommunikation, Entscheidungsfindung, Richtlinienfindung und Wissensmanagement in komplexen, sozialen Umfeldern. Dabei kategorisiert es ein System nach vier Bereichen: einfach, kompliziert, komplex und chaotisch sowie der Bereich in der Mitte zwischen den vier Feldern, die Unordnung. Diese Bereiche sollen im Folgenden beleuchtet werden.

3.3.1 Einfach Super

Best Practice
Wenn wir uns in einem „einfachen" Umfeld befinden, zeichnet sich unsere Arbeitsweise dadurch aus, dass wir wiederholbare Muster und eindeutige Ergebnisse haben (Abb. 3.4). Die Beziehungen und Abhängigkeiten sind klar erkennbar. Wir sehen Ursache und

Abb. 3.4 Cynefin – einfach
(Bayer 2010)

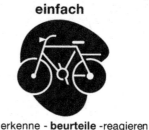

einfach

erkenne - **beurteile** -reagieren

Wirkung und können diese einfach beschreiben und beurteilen. Die Zusammenhänge sind einfach ersichtlich und können klar beschrieben werden. Es gibt eine klare Antwort auf das Problem und wir können entsprechend reagieren. In dem Zusammenhang wird auch gern von „best practice" gesprochen. Vorgehensweisen basieren hier auf Wissen und haben allgemeine Gültigkeit. Wir wissen was wir wissen und machen uns dies zu eigen. Dieses Wissen veranlasst uns dazu, klare Anweisungen zu geben wie gehandelt werden soll. Dieses Handeln und die Ergebnisse können einfach kontrolliert werden. Wir befinden uns hier im Alltagsmodus. Doch genau dieser Modus wiegt uns dann und wann in falscher Sicherheit. Wir verpassen, über unseren Tellerrand zu schauen und die Rahmenbedingungen zu überprüfen. Zu schnell kann es hier passieren, dass wir so weiter arbeiten wie bisher, ohne zu merken, dass wir damit langsam aber sicher den Anschluss verlieren. Umso wichtiger ist es, im dem einfachen Umfeld am Ball zu bleiben und immer wieder zu prüfen, wie es sich mit den Rahmenbedingungen verhält und wie es mit unserer Umwelt aussieht.

3.3.2 Super Kompliziert

Good Practice
Manchmal ist ein System aber nicht ganz so linear zu beschreiben. Ursache und Wirkung sind zwar immer noch ersichtlich, aber nicht mehr für jeden nachvollziehbar. Das System ist vorhersehbar, jedoch in der Regel nur noch von Experten. Man muss sich seinem Wissen bewusst sein und auch erkennen, dass man mit seinem eigenen Wissen an Grenzen kommt, an denen Expertise von Fachleuten unerlässlich ist. Eine Analyse des Systems ist notwendig und führt oftmals dazu, dass es nicht mehr nur eine richtige Antwort gibt, sondern dass je nach Sichtweise unterschiedliche Antworten möglich sind und zur Lösung führen. Aus dem Grund spricht man hier nicht mehr von „best practice", sondern von „good practice" (Abb. 3.5). Bewährte Vorgehen müssen auf die aktuelle Situation adaptiert werden. Wir erkennen demnach die Zusammenhänge zwischen Ursache und Wirkung, analysieren, was alles eine beeinflussende Wirkung hat und leiten dann daraus unsere nächsten Schritte ab. Die Gefahr liegt hier in der Betriebsblindheit. Dadurch, dass unterschiedliche Lösungen möglich sind, tut es hier gut, offen zu sein für neues und auch Varianten in Betracht zu ziehen, die für einen im ersten Moment befremdlich und nicht

Abb. 3.5 Cynefin – kompliziert
(Bayer 2010)

kompliziert

erkenne - **analysiere** - reagieren

Abb. 3.6 Cynefin – komplex
(Bayer 2010)

komplex

probiere - erkenne - reagieren

zielführend erscheinen. Hier hilft es, sich einfach einmal zurückzunehmen und den Lösungsprozess zwischen Experten zu moderieren, anstatt ihn zu gestalten.

3.3.3 Komplexe Situation

Trial and Error

In einem komplexen System ist alles im Fluss. Das Verhalten ist nicht mehr vorhersehbar und Zusammenhänge sind auch für Experten nicht mehr sofort ersichtlich. Das führt dazu, dass es keine richtige Antwort mehr gibt und allein durch Überlegen auch keine Lösung gefunden werden kann. Es gibt etliche Unbekannte, also viele Bereiche, die wir nicht kennen und nicht einmal wissen, dass sie eine Rolle spielen im großen Ganzen. An dieser Stelle spricht man oft vom unbekannten Nichtwissen (Abb. 3.6). Um hier weiter zu kommen, bedarf es vieler konkurrierender Ideen sowie kreative und innovative Ansätze. Hierfür muss eine Umgebung geschaffen werden, die Raum für neue Ideen und Platz zum Lernen schafft. Durch experimentieren, ausprobieren verschiedener Wege und beobachten der Ergebnisse kann Schritt für Schritt weiter gegangen werden. Trial and error hört sich

Abb. 3.7 Cynefin – chaotisch
(Bayer 2010)

chaotisch

handle - erkenne - reagieren

hier zwar etwas negativ an, trifft es aber doch ganz gut. Wichtig ist hier, dass man nicht wieder in das traditionelle Management zurückfällt, in dem erst analysiert wird, Unvorhersehbares keinen Platz hat und neue Ideen als Spinnereien abgetan werden. Stattdessen gilt es, sich selbst zurück zu nehmen und das Team sich selbst organisieren zu lassen, um Lösungen zu finden.

3.3.4 Situatives Chaos

Intuition
Manchmal gibt es die Situation, dass wir im Chaos versinken. Hohe Turbulenzen sind in deren Ursache-Wirkung Beziehung in keinerlei Weise abschätzbar (Abb. 3.7). Es gibt eine zu große Anzahl an unbekannten Faktoren und Variablen. Es werden viele Entscheidungen unter einem immensen Zeitdruck gefordert, um weiteren Schaden zu vermeiden. Die Situation wird beschrieben durch „Unwissbares", also Dinge, die so gar nicht vorhersehbar oder abschätzbar sind. Hier greift das „Wild-West Prinzip". Erst schießen, dann schauen was war und fragen, ob man getroffen hat. In solchen Situationen ist das sofortige Handeln aber auch unablässig. Wir denken an eine Krisensituation nach einem Amoklauf an einer Schule, wo komplettes Chaos herrscht. Langes Überlegen wäre hier fehl am Platz. Jedes Handeln hier birgt sowohl ein Risiko als auch eine Chance in sich. Wichtig ist, sich hier auf seine Intuition verlassen zu können.

3.3.5 Prinzipielle Unordnung

Die fünfte, innere Domäne im Cynefin-Modell ist die Unordnung. Es bedeutet, dass wir (noch) nicht wissen, welcher der vier Hauptdomänen wir einem System oder Problem zuordnen können.

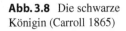

Abb. 3.8 Die schwarze
Königin (Carroll 1865)

3.3.6   Rote Königin Prinzip

Das erste Sonderprinzip in dem Framework stellt das „rote Königin" Prinzip dar. Der
Name kommt ebenfalls aus „Alice im Wunderland", genauer gesagt „Hinter dem Spiegel
und was Alice dort fand". Alice spricht dort mit der schwarzen (!) Königin. Diese ist ver-
wundert darüber, dass man bei Alice daheim schnell rennt um vorwärts zu kommen, denn
„hier muss man nämlich so schnell rennen, wie man kann, um auf der Stelle zu bleiben"
(Abb. 3.8). Übertragen auf unseren Projektalltag heißt das, mehr von dem Selben bringt
das Ganze ins Stocken. Selektionsdruck und Konkurrenzdruck können hier valide
Beispiele sein. Trotz Anstrengung wird kein Fortschritt ersichtlich. „Es ist ein Wettrüsten
um gleich zu bleiben, ein Konkurrenzkampf um Gleichwertigkeit" (Christian 2011). Ein
ständiges Ändern des Scopes führt dazu, dass die Kapazitätsgrenze des Teams erreicht
wird. Obwohl sie immer mehr arbeiten ist doch der Gesamtprojektfortschritt rückläufig,
da sich die Anzahl Anforderungen ständig ändert.

3.3.7   Wicked problems

Wicked problem sind noch eine weitere Sonderform (Abb. 3.9). Diese Art der Probleme
können solange nicht rational begriffen werden, bis eine Lösung formuliert ist. Dabei
hängt die Lösung davon ab, wie das Problem beschrieben ist. Es handelt sich hier also
ebenfalls um eine Rückkopplung.

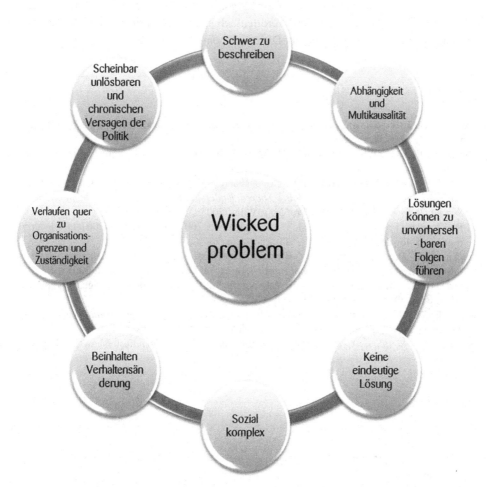

Abb. 3.9 Wicked Problems

Dabei ist die Lösung weder richtig noch falsch, sie ist einfach eine mögliche Lösung
Die Laufzeit des Problems ist nicht bekannt, da ja auch nicht gesagt werden kann, wann ein Problem gelöst ist, bis zu dem Zeitpunkt, wo die Lösung da ist. Dabei ist die Lösung weder richtig noch falsch, sie ist einfach eine mögliche Lösung. Demnach gibt es auch keine Alternativlösung. Es gibt nur Kompromisse. Das liegt nicht zuletzt daran, dass die Stakeholder unterschiedliche Vorstellungen von dem Problem und dessen Kontext haben und damit nie alle gleichzeitig befriedigt werden können. Hinzu kommt, dass sich die Beschränkungen und Ressourcen, die das Problem betreffen, sich im Zeitablauf ändern. Um genau zu sein wird das Problem also nie vollständig gelöst, sondern lediglich mit der Situation umzugehen gelernt. Ein Beispiel hierfür stellt die Klimaproblematik dar. Wicked

problems sind in der Regel als Sonderform im sozialen und politischen Umfeld anzutreffen. Es gibt zahlreiche Literatur und Veröffentlichungen hierzu: zu empfehlen wäre hier beispielsweise von E. Jeffrey Conklin Dialog Mapping (Conklin 2005).

Literatur

Bayer, P.: *Was ist Komplexität?* Internet, 11.04.2010 (http://www.wandelweb.de/blog/?p=1039.)
Carroll, L.: *Alice im Wunderland*, London, 1865
Christian: *Die Red Queen Hypothese*, 31. März 2011, Alles Evolution, (https://allesevolution. wordpress.com/2011/03/31/die-red-queen-hypothese/.)
Cilliers, P.: Complexity and Postmodernism: Understanding Complex Systems, Routledge, 1998, S. 3
Conklin, J.: *Dialogue Mapping: Building Shared Understanding of Wicked Problem: Building Shared Understanding of Wicked Problems*, Wiley, 2005,
HBR, A Leader's Framework for Decision Making, Internet, 2007 (https://hbr.org/2007/11/a-leaders-framework-for-decision-making.)
Pruckner, M.: *Die Komplexitätsfalle, Wie sich Komplexität auf den Menschen auswirkt: Von Informationsmangel bis zum Zusammenbruch*, Books on Demand, Norderstedt, 2005
Snowde, Dave: The Origins of Cynefin, Internet, 25.7.2012 (http://cognitive-edge.com/uploads/ articles/The_Origins_of_Cynefin-Cognitive_Edge.pdf.)
Vester, F.: *Die Kunst vernetzt zu denken, Ideen und Werkzeuge für einen neuen Umgang mit Komplexität*, 8. Auflage, deutscher Taschenbuch Verlag, München, 2011
Ward, D.: *The Simplicity Cycle*, 27.10.2014 (http://changethis.com/manifesto/show/22.Simplicity Cycle.)

Im Wunderland – Komplexität im Projektalltag

4

Zusammenfassung

In diesem Kapitel geht es nun konkret um die Handhabung von Komplexität im Projektalltag. Zum einen wird ein Werkzeug zur Standortbestimmung vorgestellt. Die Standortbestimmung ist eine Methode für Projektleiter zur Einschätzung ihres Projektes und zur Situationsanalyse. Gleichzeitig kann es auch als Kommunikationsinstrument zwischen den einzelnen Stakeholdern dienen, um ein einheitliches Verständnis zu einer Situation und dem daraus resultierenden Vorgehen zu gewinnen. Des Weiteren werden unterschiedliche Themenbereiche, sogenannte Facetten, betrachtet und wie diese im Zusammenhang mit Komplexität stehen können. Merkmale sowie mögliche Umgangsformen zu den Facetten „Domäne und Anforderung", „Organisation und Struktur", „Stakeholder", „Technologie", „Wissen", „Projektmanagement" und „Kultur" werden aufgezeigt und an Beispielen erklärt.

Nach der Theorie widmen wir uns nun also der praktischen Anwendung im Projektalltag. Hierzu soll in zwei Stufen vorgegangen werden. In der Ersten führen wir eine Standortbestimmung durch. Diese ist auf einem sehr hohen Level und kann daher auch schon recht früh zu Beginn des Projektes durchgeführt werden. Ziel ist es bei allen Beteiligten das Bewusstsein für die Projektsituation zu schaffen und eine gemeinsame Sichtweise herzustellen. Dafür werden fünf Facetten aus dem Projektauftrag herausgegriffen und beleuchtet. In der zweiten Stufe geht es dann mehr ins Detail. Hier wird der aktuelle Projektverlauf angeschaut. Bedeutende Aspekte des Projektes werden beleuchtet und in Bezug auf Komplexität und deren Merkmale untersucht. Das bedeutet jedoch auch, dass hierfür bereits entsprechendes Projektwissen vorhanden sein muss. Daher kann dieser Schritt erst nach einer gewissen Projektlaufzeit durchgeführt werden. Hier kann dann auf

© Springer Fachmedien Wiesbaden 2015
S. Lange, *Komplexität im Projektmanagement*,
DOI 10.1007/978-3-658-09972-5_4

erste Indikatoren geachtet und entsprechend agiert werden. Wie das aussehen kann, wird anhand sieben unterschiedlicher Projektdimensionen dargestellt, die eine Detailierung der Facetten aus der Standortbestimmung darstellen.

4.1 Standortbestimmung

Die Standortbestimmung sollte recht früh zu Beginn des Projektes durchgeführt werden. Am besten nimmt diese der Projektleiter vorab alleine vor und führt sie dann im Anschluss gemeinsam mit den Stakeholdern oder dem kompletten Team nochmals durch. Auf diese Weise können die Ergebnisse verglichen werden. Es kann hilfreich sein, gerade bei längeren Projekten, diese Standortbestimmung regelmässig durchzuführen, um den Projektkurs zu kontrollieren.

4.1.1   Das Vorgehen

Den relativen Grad der Komplexität anhand fünf unterschiedlicher Facetten des Projektes und drei Kriterien prüfen

Die Standortbestimmung betrachtet die fünf unterschiedlichen Facetten des Projektes und prüft anhand dreier einfacher Kriterien den relativen Grad der Komplexität (nach Patzak 2009). Wenn man es genau nimmt, sind es die in einem Projektauftrag zu findenden Bereiche: Ziele, Ergebnisse, Tätigkeiten, Team und Stakeholder (Abb. 4.1). Die Liste könnte noch beliebig ergänzt und verfeinert werden. Zum Beispiel um den Bereich Schnittstellen, Termine oder Risiken. An dieser Stelle wird bewusst auf die genannten fünf Bereiche der Fokus gelegt, da dieses Werkzeug nach dem KISS Prinzip ("Keep it short and simple") gehandhabt werden soll.

Abb. 4.1 Facetten der Standortbestimmung

Tab. 4.1 Matrix zur Standortbestimmung

	Anzahl unterschiedlicher		
	Elemente	Abhängigkeiten	Grad an Dynamik
Projektziel			
Projektergebnis			
Projekttätigkeiten			
Projektteam			
Projektstakeholder			

Wenn zu viele Facetten betrachtet werden, läuft man Gefahr, dass das Ergebnis aufge-weicht wird, weil sich einzelne Bereiche relativieren oder gar aufheben. Zudem bedeutet jede weitere Facette mehr Aufwand und damit mehr Zeit, die investiert werden muss. In der Regel schreckt aber alles ab, was zeitintensiv ist, zumal Zeit oftmals ein kritischer Faktor ist und das Vorgehen damit auch die Akzeptanz beim Team und den Stakeholdern senken würde. Dennoch steht es jedem frei, sich dieses Werkzeug so anzupassen, dass es für das Projekt den grösstmöglichen Nutzen bietet.

Für jedes Kriterium wird nun ein Wert vergeben
Man betrachtet nun also die Facetten und überprüft jeweils die Anzahl unterschiedlicher Elemente und den Grad ihrer Abhängigkeit zu anderen Zielen, Rahmenbedingungen oder Projekten. Des Weiteren wird der Grad an Dynamik bewertet (vgl. Tab. 4.1). Der Anwender soll sich Fragen stellen: Wie stabil ist diese Facette, gibt es viele Änderungen oder auch Interpretationsspielraum? Für jedes Kriterium wird nun ein Wert vergeben. Es bietet sich an, hier mit Symbolen zu arbeiten und nicht mit Zahlen. Zahlen neigen dazu, addiert zu werden oder in anderen Formeln weiter verwendet zu werden. Das ist nicht der Gedanke hinter diesem Hilfsmittel. Ich werde am Ende dieses Abschnittes nochmals darauf einge-hen und erklären, warum es aus meiner Sicht nicht hilfreich wäre, Zahlen zu vergeben.

Wichtig ist hierbei, dass man zu Beginn definiert, was die Schwellenwerte sind
Statt Zahlen wählen wir also Symbole. „++" für sehr viele Elemente, eine sehr hohe Abhängigkeit und einen sehr hohen Grad an Dynamik. „+" für viele Elemente, viele Abhängigkeiten und einen hohen Grad an Dynamik. „-" für einige Elemente und „- -" für sehr wenig, leicht zu überschauende Elemente. Wichtig ist hierbei, dass man zu Beginn definiert, was die Schwellenwerte sind. Also wann sind etwas viele Elemente und was bedeutet wenig. Nur so versteht jeder die Matrix gleich und man hat eine gemeinsame Basis über die gesprochen werden kann. So kann zum Beispiel im Team festgelegt wer-den, dass eine hohe Abhängigkeit besteht, wenn zwischen 50 % und 70 % der Elemente eine Abhängigkeit aufweisen. Mehr wäre sehr viel („++"), zwischen 30 % und 50 % wäre einige („–") und alles drunter wäre wenige. Die Liste wird nun gemeinsam durchgegangen und die Einschätzung in die Matrix eingetragen. Was man genau unter einem Element versteht, ist für jede Facette anders. Bei Team und Stakeholder ist es wohl einfach, hier ist die Anzahl Personen gemeint. Bei den anderen drei Bereichen wird das schon schwieriger. Hier gilt es zu schauen was (Ergebnis) soll wie (Tätigkeit) warum (Ziel) erreicht werden.

Dabei gilt es dann darauf zu achten, dass man die Flughöhe nicht wechselt sondern, zumindest innerhalb einer Facette, ein konstantes Level hält

Ein Brainstorming kann helfen, seine ersten Gedanken zu den drei Bereichen aufzuschreiben und diese dann zu clustern. Dabei gilt es dann darauf zu achten, dass man die Flughöhe nicht wechselt, spricht die Stufe der Abstraktion, sondern, zumindest innerhalb einer Facette, ein konstantes Level hält. Ein Beispiel für wechselnde Flughöhe bei den Tätigkeiten wäre zum Beispiel „Anwendung entwickeln", „Infrastruktur bereitstellen", „Server installieren", „Datenbank installieren", „Datenbank indizieren". Die ersten zwei sind so allgemein, dass sie wenig zu der Einschätzung der Komplexität beitragen. Diese Elemente sollten herunter gebrochen werden. Wohingegen „Server installieren" unter Umständen „Datenbank installieren" bereits beinhaltet und diese Tätigkeit so doppelt bewertet werden würde. „Datenbank indizieren" wiederum ist ein Detailschritt. Hier sollte man sich überlegen, ob man wirklich so tief gehen will oder es nicht lieber bei dem Thema „Datenbank einrichten" belassen will und damit alle Tätigkeiten in diesem Bereich abdeckt. Wie genau man vorgeht ist meiner Meinung nach nicht ausschlaggebend, solange alle das gleiche Verständnis dafür haben. Unter Umständen kann es auch sein, dass das Indizieren mit so viel Aufwand verbunden ist, dass es durchaus Sinn machen kann dies separat zu bewerten. Ziel ist es hier nicht eine Liste zu hinterlegen mit allen Punkten, die zu der Einschätzung der Elemente geführt hat. Man sollte sich nur bewusst sein wie man zu der Zahl kommt und dies auch plausibel begründen können.

4.1.2 Die Auswertung

Ziel ist es, keine Kennzahlen für Komplexität zu erzeugen

Hat man nun die Bewertung in die Matrix eingetragen, so geht es dann um das Auswerten und Interpretieren der Ergebnisse. Wie gesagt, das Ziel ist nicht eine mathematische Formel drüber zu legen oder Kennzahlen für Komplexität zu erzeugen. Vielmehr geht es darum zu visualisieren und Transparenz zu schaffen. Demnach gilt es nun, die Matrix von links nach rechts zu lesen und weniger von oben nach unten. Die Frage ist, welche Facette scheint die mit den meisten Komplexitätsfaktoren zu sein. Nach meinem Verständnis verhält es sich hier wie mit einer Risikomatrix. Die höchste Einschätzung ergibt den Gesamtfaktor. Auch wenn es nur wenige Elemente gibt, die in einer mässigen Abhängigkeit stehen, so bleibt das Thema komplex, wenn die Dynamik entsprechend groß ist und droht, nicht mehr managebar zu werden.

Beispiel

Warum ein Aufaddieren von Zahlen zur Bewertung im Rahmen der Standortbestimmung keinen Sinn macht wird an diesem Beispiel schnell ersichtlich. In unserem Beispiel, geringe Anzahl Elemente, geringe Abhängigkeiten aber extrem hohe Dynamik würde eine Summe von sieben ergeben. Eine andere Facette aber, mit wenig Elementen (=1), die in einer großen Abhängigkeit zueinander stehen (=3) und auch ein gewisses Maß an

Dynamik mit sich bringen (=3), sorgt für die gleiche Kennzahl, muss aber wahrscheinlich dem Thema einen ganz anderen Stellenwert zuschreiben.

Das Ergebnis noch gegen das eigene Bauchgefühl abgleichen
Zu empfehlen wäre nach der Auswertung, das Ergebnis noch gegen das eigene Bauchgefühl, vielleicht auch gegen das Gefühl der andern Mitbewerter abzugleichen. Zum einen bringt die Erfahrung Intuition mit sich, die sich oftmals bewahrheitet (Intuition als unbewusstes, gefühltes Wissen), und sie kann das Ergebnis ebenfalls untermauern oder nochmals kritisch hinterfragen. Die Diskussion kann auch helfen, das Verständnis für die Situation nochmals zu schärfen, Problemfelder zu thematisieren oder auch zu relativieren.

4.1.3 Die Idee

Nun wissen wir, dass es nicht nur komplexe und nicht komplexe Projekte gibt, sondern auch viele Abstufungen, deren Übergang fließend sein kann. An der Stelle sei noch darauf hingewiesen, dass ein Projekt nicht per se komplex ist, sondern dies in der Regel erst künstlich herbeigeführt wird. Unter Umständen tritt Komplexität auch punktuell auf, also nur in einzelnen Bereichen oder auch nur temporär. Um sich dessen bewusst zu werden, bietet es sich an, hin und wieder eine Standortbestimmung im Projekt vorzunehmen. Das ist nicht nur für einen selbst wichtig und hilfreich um entsprechende Handlungen und Aktionen darauf hin abzustimmen, sondern auch für das gemeinsame Verständnis innerhalb des Projektes. Denn was passiert, wenn der Projektleiter für sich beschließt in einem komplexen Umfeld zu sein, sein Team oder sein Sponsor und die Stakeholder dies aber anders sehen und daher kein Verständnis für das Verhalten des Projektleiters haben. Es wird zu zusätzlichen Reibungspunkten kommen, da jeder nach seinem besten Wissen und Gewissen handelt und dies nicht zusammenpasst. Der Lenkungsausschuss wird beispielsweise ein immer detaillierteres Reporting verlangen, während der Projektleiter versucht, dem Team mehr Freiheiten einzuräumen und zu „experimentieren". Besteht also der Verdacht, dass es einen oder mehrere Bereiche im Projekt gibt, die komplex zu sein scheinen, bietet sich die Standortbestimmung gemeinsam mit dem Team und dem Sponsor an. Das schafft Transparenz und damit auch Vertrauen und eine gemeinsame Basis.

4.1.4 Die Facetten

Also zurück zu den vorgeschlagenen fünf Bereichen. Schauen wir uns an wie wir die Werte konkret vergeben können.

Projektziel
Beginnen wir mit dem **Projektziel**. Das Ziel klärt die Frage, warum wir das Projekt machen. Ist es klar definiert, wie viele Ziele es zu erreichen gilt, wie die Abhängigkeiten

für die Erreichung der Ziele sind und was diese beeinflusst werden? Wie stabil die Ziele sind, ändern sie sich häufig oder lassen sie viel Raum für Interpretationen?

Projektergebnis

Das **Projektergebnis** beschreibt die Lieferobjekte, die vereinbart sind. Es wird die Frage beantwortet, was erreicht werden soll. Hier ist die Frage, wie viele Ergebnisse am Ende des Projektes abgeliefert werden müssen. Eine Verkettung der Ergebnisse und Abhängigkeiten untereinander haben Einfluss auf die Fertigstellung. Aber auch externe Abhängigkeiten, die eine Fertigstellung fördern oder hindern können werden hier berücksichtigt. Sei es, dass auf Ergebnisse eines anderen Projektes gewartet werden muss zur Integration oder wegen einer Schnittstellenthematik, oder dass Ergebnisse durch externe Partner und deren Releases oder andere Marktvorgaben tangiert werden. Die Projektergebnisse hängen hier eng mit der Frage nach den Anforderungen zusammen. Besonders wenn wir uns das Kriterium der Dynamik anschauen. Ist das Ergebnis stabil und jeder versteht das gleiche darunter, oder ist es variabel, sind die Anforderungen nicht klar?

Projekttätigkeit

Die **Projekttätigkeit** gibt an, wie die Ergebnisse erreicht werden sollen. Zum einen spielt hier die Methode eine Rolle. Also nach welchem Vorgehen wird das Ergebnis versucht zu erreichen. Auf der anderen Seite sind im Bereich der Projekttätigkeit auch zwei andere Bereiche von großer Bedeutung. Zum einen die Technologie, mit der das Ergebnis umgesetzt werden soll und zum anderen das Wissen, das vorhanden ist um diese Umsetzung vorzunehmen. Dabei kann es sich um technisches oder auch fachliches Wissen handeln. Wem es hilfreich erscheint, kann diese drei Bereiche auch trennen und gesondert analysieren. Ich würde in dem Fall empfehlen, dies in einer neuen Matrix zu machen, als Art der Detailierung des Bereiches Tätigkeiten. So kann man sich auf das große Ganze fokussieren und es bleibt ersichtlich, dass hinter dem Bereich Tätigkeiten weit mehr steckt und man ins Detail gehen muss. Dennoch verliert man sich nicht und verwässert das Ergebnis nicht durch zu viele Variablen.

Projektteam

Das **Projektteam** ist ebenfalls eine sehr wichtige Facette. Hier müssen Punkte wie die Größe des Teams, Fluktuation, Erfahrung, Reifegrad des Teams, soziales Klima aber auch die Kultur, in der das Team steht, betrachtet werden. Kultur kann man nicht erschaffen. Eine Kultur ist immer vorhanden. Die Frage ist nur, ob sie einem gefällt oder nicht. Hier kann man Ansätze suchen, um Einfluss auf die Kultur zu nehmen. Das beste Vorgehen ist hier immer noch das Vorleben. Sei es in Bezug auf Pünktlichkeit, Art und Zeitpunkt der Kommunikation, Umgang mit Informationen, Verhalten gegenüber anderen oder in Besprechungen. Dies ist aber ein langwieriger Prozess. Menschen sträuben sich gegen Veränderungen und sind Gewohnheitstiere, besonders bei persönlichen Verhaltensweisen, Gewohnheiten und Einstellungen. Mit guten Beispiel voranzugehen ist oft schwierig und manchmal erscheint es, als wenn man sich zum Idioten macht und man im schlimmsten Falle ausgenutzt wird. Zusätzlich ist es unabdingbar sich der bestehenden Kultur und deren Auswirkungen bewusst zu sein, um entsprechend agieren zu können und vorbereitet zu sein für entsprechende Reaktionen.

Projektstakeholder
Die **Projektstakeholder** sind die Personen, die nicht direkt zum Projektteam gehören. Also nicht direkt zur Erstellung der Ergebnisse beitragen. Stattdessen nehmen sie bewusst oder unbewusst, direkt oder indirekt Einfluss auf den Verlauf des Projektes. Stakeholder sind die Mitglieder im Lenkungsausschuss, zukünftige Anwender oder Benutzer, Manager, Interessensgruppen, also jeder, der mit den Auswirkungen, die das Projekt hat, später einmal in Berührung kommt. Dazu zählt auch die Umwelt, weniger im Sinne von Natur, wobei auch diese betroffen sein kann und dann aber meist durch Naturschutz oder ähnliche Interessensgemeinschaften vertreten wird. Mehr ist damit das soziale und politische Umfeld gemeint. Beispielsweise zählen hierzu Regularien, Gesetzgebungen und Vorschriften die Einfluss auf den Projekterfolg haben können.

Die Beschreibung ist nicht vollständig und erhebt auch nicht den Anspruch darauf. Vielmehr soll sie Impulse dafür geben, was sich hinter den Facetten verbirgt und was alles mit rein spielen kann.

4.1.5 Die Einsatzmöglichkeiten

Portfoliomanagement
Ein zusätzlichen Vorteil der Matrix (Abschn. 4.1.1) ist der erweiterte Einsatz im Portfoliomanagement. Wird die Nutzung dieser Matrix im Team akzeptiert und auch bei den Stakeholdern angenommen, so kann die Anwendung oder einfach die Weitergabe des Ergebnisses zum Portfoliomanagement erfolgen. Dies hat mehrere Vorteile. Zum einen wird das Projekt über die eigenen Grenzen hinaus transparent. Das Management sieht, dass hier Vorsicht und ein entsprechender Umgang geboten sein muss. Zudem kann die Matrix als Grundlage für Entscheidungen dienen. Da Projekte nun in ihrer Komplexität vergleichbar sind, kann dieser Aspekt mit in der Entscheidungsfindung berücksichtigt werden, beispielsweise bei Ressourcenverteilung oder Strategieentscheidungen. Elementare Voraussetzung ist jedoch, dass die Bewertungskriterien weiter gegeben und kommuniziert werden, die als Basis für den Vergleich dienen.

4.1.6 Die Theorie im Alltag

Weitere Fragen, die als Anregung dienen sollen für die Unterscheidung
Zusammen mit der Standortbestimmung wurden bereits Beispiele angesprochen, die helfen sollen die Facetten zu beleuchten und eine Einschätzung zu der Komplexität abgeben zu können. An dieser Stelle sollen zu den Bereichen weitere Fragen aufgezeigt werden, die

als Anregung dienen können, um die Bewertung (einfaches, kompliziertes, komplexes oder chaotisches Umfeld) einfacher zu gestalten. Diese Einteilung analog dem Cynefin Framework kann es erleichtern, die Bewertung der Facetten vorzunehmen. So kann für ein einfaches Umfeld ein „-" vergeben werden, während ein komplexer Bereich mit „++" bewertet werden würde. Werden die Fragen zur Einstufung „kompliziert" überwiegend mit „Ja" beantwortet, so ist diese Facette vorwiegend durch ein kompliziertes Umfeld gekennzeichnet und es kann ein „+" in der Matrix gesetzt werden. Auch hier gilt, dass die Fragen nur als Anregung dienen und nicht auf Vollständigkeit und Absolutheit abzielen.

Tipp

Projektziel

Einfach:

- Gibt es klar definierte Prozesse?
- Gibt es immer nur ein Ziel zum Erfolg und nur einen richtigen Weg dorthin?
- Ist das Ziel klar beschrieben?

Kompliziert:

- Können die Ziele auf unterschiedliche Wege erreicht werden?
- Sind die Ziele offensichtlich und greifbar?

Komplex:

- Ist es nicht möglich ein bzw. das „richtige" Ziel zu finden, um den bestmöglichen Erfolg zu erlangen?
- Haben die Ziele viel Interpretationsspielraum?

Chaos:

- Ist das System permanent im Fluss?
- Entspricht das Ziel eher einer Vision?

Projektergebnis

Einfach:

- Teilen alle Beteiligten das gleiche Verständnis / denselben Wissensstand?

Kompliziert:

- Sind sich die Experten uneins, was die richtige Antwort ist?

Komplex:

- Sind viele Faktoren miteinander auf vielfältige Weise verbunden?
- Ist das Ganze bei Weitem mehr als die Summe seiner Teile?
- Liegen nicht-lineare Beziehungen vor?

Chaos:
- Fehlen handhabbare Muster?

Projekttätigkeit

Einfach:
- Gibt es klare Ursache-Wirkungs-Beziehungen?
- Liegt die richtige Antwort meistens auf der Hand?

Kompliziert:
- Gibt es klare Ursache-Wirkungs-Beziehungen?
- Ist es normal, dass nicht jeder diese Ursache-Wirkungs-Beziehungen erkennen kann?

Komplex:
- Sind Muster erkennbar?
- Gibt es Ursache-Wirkung-Beziehungen, die aber nicht mehr zu erkennen sind?
- Liegen Ursache-Wirkungs-Beziehungen zeitlich auseinander?

Chaos:
- Können keine Ursache-Wirkungs-Beziehungen erkannt werden?

Projektteam

Einfach:
- Ist man sich darüber im Klaren, was man weiß?

Kompliziert:
- Weiß man, was man nicht weiß?

Komplex:
- Können bestimmte Entwicklungen nur in der Rückschau verstanden werden?
- Gibt es eine Historie bzw. Vorgeschichte, die mit der Gegenwart verbunden ist?
- Fehlt das Wissen darüber, was man nicht weiß?

Chaos:
- Ist ein Wissen nicht möglich?
- Liegt eine besonders hohe Anspannung vor?

Projektstakeholder

Einfach:
- Sind diese Beziehungen für jeden leicht zu erkennen?

Kompliziert:
- Wird oft viel Zeit benötigt, um die richtige Antwort zu finden?
- Sind viele Personen und Bereiche involviert?

Komplex:
- Müssen Entscheidungen trotz fehlender Daten getroffen werden?
- Ist das Beziehungsnetz intransparent, aber stark?

Chaos:
- Sind viele Entscheidungen zu treffen, aber keine Zeit zum Nachdenken?

4.1.7   Eine Beispielanwendung

An dieser Stelle möchte ich zur Veranschaulichung drei Projekte aus meiner Vergangenheit beispielhaft mit der Standortbestimmung beleuchten, um deren Anwendung zu verdeutlichen.

Beispiel

Bei dem Projekt a.) handelt es sich um die Implementierung einer Software für die einfache Erfassung von Kunden- und deren Haushaltsdaten. Ziel war es, einen maschinellen Darlehensantrag zu erstellen, der direkt unterschrieben werden kann. Bei diesem Projekt war das Ziel einfach und klar: ein bestehender Papierantrag sollte 1:1 elektronisch umgesetzt und gefüllt werden. Dadurch sollte eine bessere Lesbarkeit der Daten erzielt werden und durch ein elektronisches Versenden des Dokumentes die Durchlaufzeiten verkürzt werden. Dies sollte zum einen durch Wegfall der Postwege geschehen. Zum anderen entfiel das Einscannen und das Dokument sollte direkt in einen Postkorb der betreffenden Fachbereiche geleitet werden. Das Ergebnis sollte eine Anwendung sein, die ein PDF erzeugt und eine Anbindung an den internen Postkorb der Fachabteilung hat. Es musste eine Anwendung mit sieben Masken erstellt werden, die zum Teil abhängig voneinander waren. Aber es musste auch eine Schnittstelle zum Postkorb generiert werden, die zu Beginn etwas intransparent war mit all ihren Prozessverzweigungen und Bedingungen. Das Projektteam war sehr klein und effizient. Es war mit keiner Fluktuation zu rechnen. Stakeholder waren nicht nur der Auftraggeber, sondern auch der Außendienstmitarbeiter, der die Anwendung nutzen sollte, der Innendienst, der die neuen elektronischen Formulare verarbeiten musste, aber auch die internen IT Stellen, die den neuen Prozess mit berücksichtigen und neu unterstützen mussten. Alles in allem war das Projekt demnach überschaubar und wenig komplex. Eine Standortbestimmung zu Beginn hätte in etwa ausgesehen wie in Tab. 4.2.

Tab. 4.2   Standortbestimmung zu Projekt a.) elektronischer Darlehensantrag

| | Anzahl unterschiedlicher | | Grad an Dynamik |
	Elemente	Abhängigkeiten	Grad an Dynamik
Projektziel	–	–	– –
Projektergebnis	–	–	– –
Projekttätigkeiten	–	+	+
Projektteam	– –	– –	– –
Projektstakeholder	+	+	+

Beispiel

Ein anderes Projekt, Projekt b.), hatte zum Ziel, eine Lotus Notes Anwendung in SharePoint zu überführen. Das Ziel war eine reibungslose Migration, ohne Beeinträchtigung der Benutzer. Es sollten alle bisherigen Funktionen weiterhin zur Verfügung stehen und kein Mehraufwand bei den Anwendern verursacht werden. Auch das Look & Feel sollte soweit möglich identisch bleiben. Damit waren viele Ziele implizit und auch abhängig voneinander oder widersprüchlich, da eine neue Technologie nie 100 % identisch aussehen oder funktionieren wird wie die bisherige. Allerdings war der Grad der Dynamik sehr gering. Das Ergebnis war eine migrierte Anwendung auf einer SharePoint Plattform. Was allerdings in Lotus Notes als unterschiedliche Datenbanken und Workflows abgebildet und verknüpft worden war, musste erst sein Pendant in SharePoint finden. Es war klar, was zu tun war, allerdings gab es einige intransparente Funktionen und Abläufe, die sich Lotus Notes Entwickler zu Eigen machen, die so in anderen Technologien nachgebildet werden müssen. Auch das Thema Sicherheit, Berechtigung und Dokumentation / Compliance galt es so neu zu betrachten. Manche Tätigkeiten sind erst im Laufe der Zeit ersichtlich geworden, andere waren technologiebedingt. Das Team war nicht sonderlich groß. Dafür war es auf mehrere Länder verteilt. Die Projektleitung in der Schweiz, die Entwickler in Russland, Management in Amerika. Firmenbedingt musste mit einer hohen Rotation im Team gerechnet werden. Da der Anwenderkreis zum Top Management gehörte, war auch der Personenkreis, der sich für das Projekt interessierte entsprechend weit gefasst. Je mehr man mit dem höheren Management zu tun hat, umso wichtiger ist es zu verstehen, wie die Verflechtungen untereinander sind und wer welchen Einfluss üben kann. Daraus hätte sich zu Projektbeginn eine Standortbestimmung ergeben, die in etwas aussehen könnte wie die in Tab. 4.3.

Tab. 4.3 Standortbestimmung zu Projekt b.) SharePoint Migration

| | Anzahl unterschiedlicher | | |
	Elemente	Abhängigkeiten	Grad an Dynamik
Projektziel	+	+	−−
Projektergebnis	+	+	−−
Projekttätigkeiten	+	++	+
Projektteam	−	+	+
Projektstakeholder	+	++	−

Beispiel

Zum Schluss noch ein letztes Projekt c.), das ein sehr komplexes Umfeld repräsentierte, zumindest aus meiner subjektiven Wahrnehmung. Gestartet wurde das Projekt mit dem Ziel, eine Datendrehscheibe für alle Anwendungen auf dem Laptop des Außendienstes zur Verfügung zu stellen. Daraus ergab sich bald die Idee, die Anwendungen zu konsolidieren, bis hin zu der Vision die Anwendungen zu harmonisieren und in einem Portal zusammenzuführen mit gleichem Look & Feel und Handling, sowie gleicher Terminologie und Technologie. Aufgrund des offen formulierten Ziels war auch das Ergebnis schwer fassbar. Das Vorgehen wurde anhand von Prototypen gewählt um herauszufinden, was der Auftraggeber überhaupt will. Die technische Umsetzung dagegen schien weniger schwierig. Zwar hatte die gewählte Technologie ihre Schwierigkeiten, aber das Team war gut ausgebildet und kannte sich in dem Umfeld aus. Das Team war fest zugewiesen mit 60 bis 100 %. Es war stabil, technisch und fachlich versiert. Durch die vielen Schnittstellen war das Team jedoch recht groß. Auch die Anzahl Stakeholder war beachtlich, da Abläufe im Außendienst und Innendienst angepackt wurden und diese verschiedene Fachbereiche betrafen. Zudem wurde aufgrund der technischen Abläufe auch eine Vielzahl an Anwendungen tangiert. Eine neue Technologie bedurfte zudem gesonderter Abstimmungen mit diversesten Abteilungen bezüglich Sicherheit, Performance, Installation und anderem. Nicht selten kamen im Laufe der Zeit neue Verantwortliche ins Boot oder mussten andere Teams involviert werden. Somit würde sich hier eine Standortbestimmung für den Projektstart ergeben, die wie in Tab. 4.4 aussehen könnte.

Zu der damaligen Zeit war ich mir der Auswirkung von Komplexität auf den Projektalltag und den Projekterfolg noch nicht so stark bewusst. Schaue ich mir die Projekte heute nochmals unter diesem Gesichtspunkt an muss ich feststellen, dass ich mit dem jetzigen Wissen bestimmt in der einen oder anderen Situation anders reagiert hätte. Oder anders gesagt, mir wurde im Nachhinein klar, warum ich an der einen oder anderen Stelle in Schwierigkeiten geraten bin. Ich habe versucht, in einer komplexen Situation mit traditionellem Handwerkszeug zu agieren. Besonders nennenswert ist in dem Zusammenhang der Aufbau der Organisation und deren Einfluss beziehungsweise deren Relevanz für das Projekt, welches ich teilweise unterschätzt habe aus Mangel an Wissen

Tab. 4.4 Standortbestimmung zu Projekt c.) Client Konsolidierung

	Anzahl unterschiedlicher		
	Elemente	Abhängigkeiten	Grad an Dynamik
Projektziel	++	++	++
Projektergebnis	++	++	++
Projekttätigkeiten	+	+	+
Projektteam	+	–	––
Projektstakeholder	++	+	+

um interne Prozesse. Das hat in einem Projekt in manchen Bereichen für einiges an Unmut und auch für Mehrarbeit gesorgt.

Eine weitere Erkenntnis bestand darin, dass ein Auftraggeber selten zu Beginn alle Auswirkungen abschätzen kann, von dem was in den Anforderungen beschrieben ist. Wenn sich die Anforderungen dann von Test zu Test anpassen, aber nicht berücksichtigt wird, dass hier evtl. auch weitere Personen involviert werden müssen, weil es neue Fachprozesse tangiert, dann wird es schwierig. Hier muss sehr stark auf die Erwartungen des Kunden / Auftraggebers eingegangen werden und diese gemanged werden, was bei mir damals deutlich zu kurz kam. Involvieren von Experten, frühzeitige Diskussion von Prototypen und vor allem ein starkes Erwartungsmanagement hätten meiner Meinung nach helfen können, frühzeitig Anforderungen und auch Handlungsbedarf aufzuzeigen und dies nicht erst gegen Ende hoch poppen zu lassen.

Was ich immer noch spannend finde und bei vielen Kunden antreffe ist die Frage nach der Balance zwischen Umfang und reife der Anforderungsdefinition auf der einen Seite und Managementreports und konkrete Planung auf der andren. Ebenso wie der Spagat zwischen Prototyping und Konzeption der Basisarchitektur, der oft eine gewisse Herausforderung darstellt. Eine Patentlösung für die Situationen habe ich nicht gefunden. Jedes Projekt ist hier anders, da auch immer wieder der Kontext und die Personen wechseln. Hilfreich ist für mich einfach die Situation frühzeitig zu erkennen und transparent zu machen so dass alle vom gleichen reden und ein gemeinsamer Weg eingeschlagen werden kann. Was aus meiner Erfahrung in dem Zusammenhang leider immer noch gilt ist die Aussage: Wer schreibt der bleibt.

4.2 Sieben Projekt-Dimensionen unter die Lupe genommen

Wir haben nun gesehen, was Komplexität genau ist und warum es wichtig ist, sich mit dem Thema zu beschäftigen. Wir haben uns angeschaut, welche Abstufungen es rund um das Thema Komplexität gibt (einfach, kompliziert, komplex, chaotisch, rote Königin Prinzip, wicked problems) und wie wir unser Projekt in diesem Umfeld einordnen können. Jetzt gehen wir das Thema konkret an. Dazu beleuchten wir die Projekte in den unterschiedlichen Dimensionen.

**Sieben Dimensionen im Projektmanagement, die besonders anfällig sind,
Komplexität hervor zu rufen**

Dabei schauen wir, welche Konstellationen Komplexität hervorrufen können und wie wir hier handeln sollten, um effizient damit umgehen zu können. Zusätzlich werden auch typische Fallstricke kurz diskutiert, die wir durch unsere Erfahrung kennengelernt haben. Die Dimensionen, die wir hier beleuchten, unterscheiden sich ein wenig von denen der Standortbestimmung. Das liegt daran, dass wir nun detailliert in Ursache und Wirkung eintauchen und es damit leichter fällt, wenn wir stärker differenzieren. Dennoch halten wir uns stark an die bereits verwendete Struktur.

4.2.1   Die Dimensionen

Die Projektziele sind stark geprägt durch die Stakeholder und ihr Wissen. Die Dimension geht also etwas über die reine Zieldefinition hinaus und beschäftigt sich vor allem damit, wie und durch wen die Ziele definiert werden (Abb. 4.2).

Stakeholder
Die Dimension **Stakeholder** betrachtet alle involvierten Personen und deren Einfluss auf das Projektgeschehen und das Projektergebnis. Dabei spielt es keine Rolle wo sich die Person in der Hierarchie befindet. Wichtige Stakeholder können auch fachliche Experten

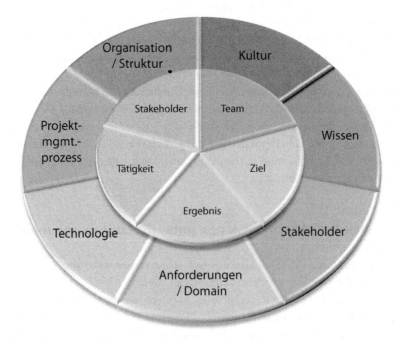

Abb. 4.2   Dimensionen des Projektmanagements

sein, deren Rat und Einschätzung im Unternehmen große Bedeutung haben. Der gezielte Umgang mit all diesen Personen ist essentiell für einen möglichst reibungslosen Projektverlauf.

Wissen

Wissen beinhaltet zunächst einmal den Umgang mit bestehenden Kenntnissen und Fähigkeiten. Das bedeutet, in wie weit sind Erfahrungen dokumentiert oder implizit vorhanden, auffindbar und nutzbar. Aber auch die Frage, wie kann neues Wissen erworben werden, wird durch diese Dimension adressiert.

Bei der Standortbestimmung wurde im Bereich Projektergebnisse auch das Thema Anforderungen abgedeckt. Zu den Anforderungen gehören auch die Stakeholder, die an der Ergebnisdefinition beteiligt sind, sowie evtl. Restriktionen durch die gewählte Technologie. Somit spaltet sich die bisherige Facette Projektergebnis nun in drei Einzelbereiche, die zum Teil auch Überschneidungen haben mit den anderen Standortfacetten (Projektziel und Projekttätigkeit).

Anforderungen

Unter **Anforderungen** werden alle Aspekte der Zieldefinition und Anforderungsanalyse zusammengefasst. Dies betrifft zum einen die Aktivitäten zu Beginn des Projektes, wenn alles geklärt und abgestimmt wird, aber auch die fachlich-inhaltliche Problemlösung im laufenden Projekt.

Technologie

Technologie können in der IT diverse Frameworks sein, in der Produktion neue Herstellungsmethoden und -Prozesse, oder im Baugewerbe neue Materialien mit anderen Eigenschaften. Kurz um, alles, was zur Herstellung der Projektergebnisse und zur Verrichtung der Projekttätigkeiten als Handwerkszeug notwendig ist, fällt unter diese Rubrik.

Die Tätigkeit gibt an, wie die Ergebnisse erreicht werden sollen und spiegelt sich daher im Folgenden in der Technologie wider. Dazu gehören auch, wie die Tätigkeiten durchgeführt und wie der Weg dorthin gemanagt werden. Aus diesem Grund spielt hier auch das Thema Projektmanagementprozess eine Rolle.

Projektmanagement

Im Bereich **Projektmanagement** werden die Themenfelder wie Planung, Reporting und Managementprozesse berücksichtigt. Vom Planen und Durchführen der Tätigkeiten bis zum Berichten über den Projektstatus.

Die eigentliche Tätigkeit wird durch das Team ausgeführt. Das Team an sich befindet sich jedoch in einem Kontext der Organisation und Struktur. Damit bildet es auch sein eigenes soziales Umfeld mit seiner eigenen Kultur. Darüber hinaus spielt auch das Wissen der einzelnen Teammitglieder eine entscheidende Rolle für den Projekterfolg. Sei es Wissen in Bezug auf die fachlichen Anforderungen, die technische Realisierung oder Wissen im Bereich der Sozialkompetenz. Aus dem Grund wird das Team nicht als eine Dimension belassen, sondern aufgeteilt in die Bereiche der Organisation, Kultur und Wissen.

Kultur

Soziale **Kultur** wird abgedeckt mit den Fragen rund um das Thema der menschlichen Interaktion und Zusammenarbeit. Themen wie Wertschätzung, Fehlertoleranz, Qualität, Vertrauen und Verantwortung spielen hier mit hinein. Das ist daher mit Sicherheit auch der schwierigste Bereich, da man Kultur in einem Team nicht bauen kann, sondern leben muss.

Die Stakeholder sind das Umfeld und nicht direkt Teil des Teams. Hier werden auch alle Aspekte der Umwelt sowie rechtliche und soziale Gegebenheiten abgedeckt. Dies wird über die Organisation und Struktur deutlich, in der sie verankert sind. Des Weiteren tragen sie unwesentlich dazu bei, auf welche Art und Weise das Projekt durchgeführt wird. Wir denken hier nur an das Thema Berichtswesen. Aus dem Grund ergeben sich aus der Facette der Stakeholder nun die zwei Dimensionen Projektmanagementprozess und Organisation / Struktur.

Organisation

Im Block **Organisation und Struktur** werden Themen behandelt wie Organisationsstruktur, organisatorische Abläufe und Verantwortungen innerhalb der Organisation sowie die strukturübergreifende Vernetzung außerhalb des Projektes.

Die genannten sieben Dimensionen können nun im Projektkontext auf ihre Komplexität betrachtet werde. Das bedeutet, wir schauen, welche Merkmale dazu beitragen, dass die Komplexität in dieser Dimension steigt und wie damit umgegangen werden kann. Praktische Hinweise werden im Folgenden geben, wie in ausgewählten Situationen reagiert werden kann und was am besten unterlassen werden sollte, da es die Lage nur verschlimmert und die Komplexität weiter steigen lässt. Im nachfolgenden Kapitel soll dies nun veranschaulicht werden, eingerahmt von unserem Beispielprojekt der Windkrafträder von Guido und Klemens.

4.2.2   Guido und Klemens – Der Anfang

Guido und Klemens sind zwei erfahrene Projektleiter. Beide haben eine fundierte Ausbildung und sind seit mehr als einem Jahrzehnt als Projektleiter in unterschiedlichen Projekten im Einsatz. So unterschiedlich die Projekte sind, so unterschiedlich sind auch Guido und Klemens in ihrer Art, wie sie im Projekt handeln und mit Themen umgehen.

Ein Ingenieurbüro für Energieversorgung möchte mehrere Windkraftanlagen bauen und sucht hierfür einen Projektleiter. Geplant sind drei bis sechs Windräder in Grenznähe zwischen Deutschland und der Schweiz. Der Wald, in dem die Windräder gebaut werden sollen, gehört einer Schweizer Gemeinde, obwohl sich der Wald auf deutschem Grund befindet. Da damit gerechnet wird, dass mit der gleichen Anlage auf Schweizer Grund mehr Geld erwirtschaftet werden kann als auf deutschem Grund, soll ein Teil der Windräder auf der Schweizer Seite gebaut werden. Das primäre Ziel ist natürlich kostendeckend zu agieren. Das bedeutet, die Energie, die erzeugt und in das Stromnetz eingespeist wird, muss so viel Ertrag bringen, dass die Projektkosten, sowie die laufenden Kosten für Wartung und Betrieb gedeckt sind. Aktuell wurden weder Messungen durchgeführt, noch Pachtverträge ausgehandelt oder Regularien geprüft. Der Standort wurde aufgrund von Windkarten erstellt, in denen das Gebiet als rentabel interpretiert werden kann. Man befindet sich am Anfang der Projektidee, in der Planungsphase. Es wird davon ausgegangen, dass allein für die Planung aufgrund der Komplexität drei bis fünf Jahre veranschlagt werden sollten und nochmals ein bis zwei Jahre für die Umsetzung. Guido und Klemens werden unabhängig voneinander als Projektleiter eingesetzt und sollen das Thema nun vorantreiben.

Wir werden beide auf ihrem Weg durch die Komplexität des Projektes begleiten und schauen, wie sie jeweils mit den einzelnen Dimensionen umgehen und was wir daraus lernen können.

An dieser Stelle sei kurz vermerkt, dass es sich bei dem Beispielprojekt zwar um ein real geplantes Vorhaben handelt (Tagesanzeiger 2013), das aber aus Gründen der Komplexität stark vereinfacht dargestellt und betrachtet wird. Die beschriebenen Personen und Probleme sind rein fiktiv und Ähnlichkeiten zu dem existierenden Projekt rein zufällig.

4.2.3   Domäne und Anforderungen

Unsere zwei Projektleiter machen sich an die Aufnahme der Anforderungen. Nach einer Studie des Deutschen Windenergie-Institutes von 2002 lagen zwischen 1997 und 2001 die Instandhaltungskosten im ersten Betriebsjahr bei rund 0,3 % der Kosten für die Anlage und wachsen danach im Schnitt um 0,3 % pro Jahr. Die Aufwendungen für Wartung und Instandhaltung verursachen somit über ein Viertel der Gesamtkosten in der Betriebszeit von 20 Jahren (DEWI 2002). Es ist klar, dass nicht beliebig hoch gebaut werden darf, auch wenn der Wind mit zunehmender Höhe stabiler und kräftiger wird und damit die Ausbeute wesentlich höher wäre. Allerdings befindet sich das Gebiet im alternativen Anfluggebiet für den nahegelegenen Flughafen und darf daher eine Maximalhöhe nicht überschreiten. Windkrafträder haben auch Einfluss auf das Ökosystem und verursachen klimatische Veränderung in dem Gebiet. Da wir uns in einer sehr guten Weinanbauregion befinden, muss hier also die klimatische Veränderung für die Weinberge ebenso berücksichtigt werden (Federmann 2013).

4.2.3.1 Guidos Welt

Guido will nun wissen, wie es um seinen finanziellen Rahmen bestellt ist, damit er eine entsprechende Auswahl an Anbietern und Bauelementen treffen kann. Also prüft er, wie hoch die kostendeckende Einspeisungsvergütung ist. Hierfür muss er zunächst Jahreswindgeschwindigkeit in Nabenhöhe ermitteln. Dabei ist der Turbulenzgrad aufgrund geologischer Gegebenheiten, Vegetation, höherer Bauten oder benachbarter Windkraftanlagen zu berücksichtigen.

Die Vergütung in Deutschland wird über die Einspeisevergütung im „Erneuerbare Energien Gesetz" (EEG) geregelt. In den ersten fünf Jahren nach Inbetriebnahme wird dies subventioniert (vgl. EEG § 29, August 2014). Fünf Jahre nach Inbetriebnahme wird von der nationalen Netzgesellschaft der effektive Ertrag ermittelt. In der Schweiz wird stattdessen von einer kostendeckenden Einspeisevergütung (KEV) gesprochen, die ebenfalls gesetzlich durch das Bundesamt für Energie (BFE) verabschiedet wurde.

Die Leistung des Windkraftrades ist jedoch abhängig davon, wie hoch der Turm gebaut wird, welche Art von Rotoren eingesetzt wird und wie das Maschinenhaus gestaltet wird (vgl. http://www.wind-energie.de/). Es muss davon ausgegangen werden, dass für jedes Windrad 5 % des Ertrags an den Grundstückseigentümer zu entrichten sind und zusätzlich Pacht für das Bauland bezahlt werden muss.

Guido macht sich nun also im Internet auf die Suche nach den unterschiedlichen Lösungsmöglichkeiten und deren Kosten. Als Ergebnis hat er eine Formel mit fünf unbekannten und einen Haufen offener Fragen. Mit seiner Kostenrechnung und einem angenommen Betrag ct/kwh stellt Guido nun eine Entscheidungsmatrix für den Auftraggeber auf, um entscheiden zu lassen, in welche Richtung er das Projekt weiterentwickeln soll. Er stellt eine Übersicht zusammen aus allen Kombinationen von Turmvariante, Rotorblätter und Maschinenhaus, ergänzt um die jeweils geschätzte zu erwartende Leistung und Anbieter, die Erfahrung im Bau dieser Komponente haben. Guido ist ganz stolz als er sein 12 Seiten Werk betrachtet und damit in die nächste Lenkungsausschusssitzung geht. Er geht – und kommt zurück. Ohne Entscheidung. Dafür mit dem Auftrag eine Empfehlung vorzubereiten und diese transparent zu gestalten, Vor- und Nachteile der Varianten kurz aufzuzeigen, so dass eine Entscheidung möglich ist und das ganze wenn möglich auf drei Folien, weil die Entscheidungsträger nur das Notwendigste lesen möchten. Im Übrigen, warum Cent? Wer hat gesagt, dass der Strom komplett in das deutsche Netz eingespeist wird? Die Entscheidung sei noch nicht getroffen. Guido ist frustriert. Er hat nun mehr offene Fragen als zuvor.

4.2.3.2 Merkmale

Akkumulation
Ziele werden durch die Umsetzung von Anforderungen erreicht, während Anforderungen meist versuchen ein Problem zu beschreiben. In den Anforderungen gibt es meist viele Elemente die Zusammenhänge und Abhängigkeiten zueinander haben (Akkumulation).

Sie beeinflussen sich gegenseitig und können nicht losgelöst voneinander betrachtet werden. Ändert man an einer Stelle die Anforderung kann es sein, dass es an einer anderen Stelle im System hängen bleibt.

Nicht linear

Ein weiterer Indikator für steigende Komplexität ist, wenn Anforderungen viel Spielraum für Interpretation offen lassen. Beliebte Argumente hierfür sind: „Wir geben dem Team die Freiheit hier selbst zu gestalten zugunsten der bestmöglichen Zielerreichung." „Wir wollen niemanden einengen." „Es soll einfach so funktionieren wie im Altsystem." Was genau in dem Zusammenhang bestmögliche Zielerreichung bedeutet ist auch wiederum nicht klar (nicht linear). Ist es nicht so, dass ein Ziel entweder erreicht wird oder nicht? Entweder das Flugzeug kommt in Paris an oder nicht. Nun gut, unter Umständen kann es auch in Paris ankommen, aber nicht auf dem Flughafen, sondern in der Seine, und vielleicht ist es auch mehr in seinen Einzelteilen angekommen, als dass es noch flugtauglich ist, aber das ist ja nicht das Ziel.

Verzögerung

Oftmals ist das tatsächliche Ziel hinter der Anforderung nicht klar, und die Frage bleibt offen, warum machen wir das überhaupt. Um bei Alice im Wunderland zu bleiben: Vielleicht macht das anmalen von weißen Rosen ja gar keinen Sinn und es wäre besser, rote zu pflanzen oder Farbe in das Wasser zu giessen (Abb. 4.3). Fachliche Zusammenhänge werden nicht angesprochen, da sie für den einen sowieso klar sind und für den anderen keine Rolle spielen, weil er sie unterschätzt. Ein Beispiel ist beim Hausbau die Frage nach den Fenstern. Die Pläne sind gemacht und die Fenster wurden eingebaut. Leider war die Aussparung für die Fenster so, dass mit einer Kurbel an der Wand die Fenster nur noch zur Hälfte zu öffnen sind. Dem einen war klar, ein Fenster muss man ganz öffnen können, der andere ging davon aus, man wird sich bei den Plänen schon was gedacht haben (Verzögerung).

Geschichte

Das bringt ums zu einem anderen Punkt, dass oftmals eine vollständige IST Analyse des Systems oder der Situation nicht durchgeführt werden kann. Ein ausreichendes Überdenken der Zusammenhänge oder Konsequenzen ist oftmals aufgrund von Zeit- und / oder Ressourcenmangel nicht möglich. Das führt unweigerlich dazu, dass Entscheidungen Konsequenzen mit sich bringen, die erst später im Verlauf des Projektes ersichtlich werden (siehe unser Beispiel mit den Fenstern). Das spiegelt die Eigenschaft Geschichte wider.

Leistungsfähigkeit

Ziele und Anforderungen können sowohl positiv, als auch negativ (Vermeidungsziele) formuliert werden. Vermeidungsziele sind meist eher allgemein und unspezifisch und beschreiben einen Zustand, der geändert werden soll. Zum Beispiel soll durch die

Renovierung der Wohnung die Miete nicht teurer werden. „Ich weiß nicht, ob es besser wird, wenn es anders wird. Aber es muss anders werden, wenn es besser werden soll." (Georg Christoph Lichtenberg).

Rückkopplung

Zudem sind Ziele meist miteinander verknüpft. Das bedeutet, um ein Ziel zu erreichen, müssen mehrere andere Ziele erreicht werden. Es kann aber genauso gut sein, dass ein positives Ziel mit dem Nichterreichen eines anderen Zieles zusammen hängt (z. B. eine moderne Wohnung und preiswert). Oft gibt es implizite Anforderungen, die solange nicht genannt werden bis deren Gegenteil eintritt z. B. (Gesundheit). Von ähnlichem Charakter sind verborgene Ziele (z. B. intuitive Ladengestaltung). Diese Anforderung ist nicht konkret und beinhaltet eine Vielzahl an anderen Anforderungen und Zielen, die nicht auf den ersten Blick ersichtlich sind.

Abb. 4.3 Weiße rote Rosen
(Carroll 1865)

4.2.3.3 Umgang

Effizienz-Divergenz

Um mit Zielen und Anforderungen besser umgehen zu können, kann es hilfreich sein Zwischenziele oder sogenannte Meilensteine zu bilden. Oftmals gibt es eine Effizienz-Divergenz. Das bedeutet, dass viele verschiedene Möglichkeiten zum Handeln gegeben sind, die alle eine hohe Erfolgswahrscheinlichkeit haben. Durch Zwischenziele kann immer wieder kontrolliert werden, ob sich das Projekt noch auf dem richtigen Kurs befindet und gegebenenfalls Korrekturen vorgenommen werden.

Dekomposition

Anforderungen und Ziele können sich in ihrer Ausprägung ändern, da sie von außen beeinflusst werden können, zum Beispiel durch den Markt oder Kunden. Hier hilft eine Dekomposition der Anforderungen und diese dann einzeln aufzuschlüsseln. Durch die Bildung von Teilproblemen wird Transparenz geschaffen. Es besteht die Möglichkeit, die Anforderungen und Ziele immer wieder zu überprüfen und zu adaptieren. Zudem können nie alle Probleme gleichzeitig gelöst werden! Somit müssen zentral und peripher Probleme aufgezeigt werden und entschieden werden, wie damit umgegangen werden soll.

Modellierung

Mögliche Variante wie dieser immer größer werdenden Komplexität im Zuge der Anforderungen begegnet werden kann, ist zum Beispiel durch Modellierung im Sinne von grafischer Darstellung von Zusammenhänge, sei es durch Modellierungssprachen wie UML (Unified Modeling Language™ http://www.uml.org/) oder formlos. Ein Bild sagt mehr als 1000 Worte. Es ist leichter über ein Schaubild zu sprechen als über 50 Seiten Prosa. Dies ermöglicht Transparenz und ein einheitliches Verständnis zu einem Thema. Gute Impulse hierfür liefert (LeFever 2012) in seinem Buch „Art of Explanation". An der Stelle sei noch darauf hingewiesen, dass ein Bild nicht immer strickt nach Notation (z. B. UML, BPMN, etc.) erstellt werden muss, wenn es zur Klärung von Sachverhalten in einem Meeting oder Workshop geht. Hier hat sich für mich bewährt einfach drauf los zu zeichnen, da diese Grafik in erster Linie Verständnis zwischen allen Anwesenden schaffen soll.

Felice Varini

Manchmal bedarf es auch mehrerer Bilder um verschiedene Blickwinkel abzubilden, Perspektiven zu wechseln oder den Detailierungsgrad zu ändern. Wer sich nicht vorstellen kann, dass der Blickwinkel Einfluss darauf hat wie etwas wahrgenommen werden kann, dem empfehle ich „Felice Varini" zu googlen. Er ist einer der bekanntesten Personen auf dem Gebiet der Anamorphic Typography. Es ist sehr beeindruckend zu sehen, dass Dinge, die offensichtlich keinen Sinn ergeben, von einem anderen Standpunkt aus betrachtet Teil eines ganzen Gebildes sind, das sehr wohl Sinn macht. Wann man allerdings den richtigen Standpunkt hat und das große Ganze vollständig erfassen kann, dass muss jeder individuell für jede Situation neu herausfinden. Hier gibt es leider keine Regel. „Kein Mensch kann objektiv sein, er kann sich nur um Objektivität bemühen" (Jeanne Hersch).

Szenario Technik

Als Methode in Workshops ist es daher hilfreich zu abstrahieren und zu konsolidieren. Nicht mehr Aufwand investieren als es später an Nutzen bringt. Vielleicht sind auch Zusammenhänge unklar. Hierfür kann die Szenario Technik eingesetzt werden. Man durchläuft die Situation aus unterschiedlichen Perspektiven, also in unterschiedlichen Rollen. So können Abläufe erkannt und beschrieben werden, auch wird das Nutzerverhalten so erkennbar und auf der Basis lassen sich besser Entscheidungen treffen. Voraussetzung hierfür ist natürlich, dass entsprechende Experten involviert sind.

Expertenbefragung

Experten können technischer oder auch fachlicher Natur sein, beziehungsweise aus dem Anwender oder dem Kundenkreis kommen. Dies hängt stark vor der Fragestellung ab, die es zu bearbeiten gilt. Wichtig ist in solchen Workshops Freiräume zu geben, um Ideen fließen zu lassen und somit der Kreativität keinen Riegel vor zu schieben. Vorsicht jedoch vor zu vielen Details. Eine zu hohe Detailierung stiftet mehr Verwirrung, als dass sie hilft. Standardisierung von Prozessen, auch von Modulen und Einsatzmitteln kann helfen, besser den Überblick zu behalten. Ausnahmen sollten eine Seltenheit bleiben. Nur so bekommt man Struktur in das Vorgehen und kann in gewissem Rahmen den Überblick behalten. Doch oftmals finden wir uns auch in Situationen wieder, in denen die Anforderungen nicht klar oder ausreichend beschrieben sind.

Netmapping

Der Projektleiter sollte hier moderieren statt regieren. Es sollen auch Methoden zur Lösungsfindung in Betracht gezogen werden, die etwas unorthodox erscheinen, weil man nicht in jeder Branche damit gewohnt ist umzugehen. Eine dieser Methoden ist beispielsweise das Netmapping (Honegger 2013). Erst werden die Erfolgskriterien ermittelt. Daraufhin wird untersucht, welche externen Kräfte hierauf Einfluss haben und diese über Szenarien abgebildet. Über Erfolgsindikatoren werden Ziele festgelegt und diese dann in einem nächsten Schritt über Hebel und Aktionen konkretisiert. Das ganze findet seinen Platz in einem Plan-Do-Check-Act Kreislauf. Bei diesem Kreislauf ist besonders das „Check" sehr wichtig, denn es darf nicht davon ausgegangen werden, dass mit der vermeintlichen Problemlösung die Angelegenheit in einem komplexen Umfeld gelöst wurde.

Analogie Methode

Eine andere dieser Methoden ist die Analogiemethode (Naturorientierte Lösungsfindung) bei der nach ähnlichen Problemen in der Natur oder anderen Branchen Ausschau gehalten wird. Lösungen in diesen Bereichen werden abstrahiert, analysiert und dann die gewonnene Erkenntnis auf das aktuelle Problem übertragen. Es gibt zahlreiche Beispiele hierfür. Sei es die Oberflächengestaltung bei Flugzeugen, die Form von Zahnbürstenköpfen oder der Brückenbau.

Theory of constraints

Eines darf man jedoch bei aller Euphorie nicht vergessen. Die Wertschöpfung einer Anwendung ist nicht proportional zu der umgesetzten Komplexität / Funktionalität (Leistungsfähigkeit). Es gibt einen Punkt, da ist die Grenze der Leistungsfähigkeit erreicht und jedes Hinzufügen von Funktionen wirkt sich nur noch negativ auf die Komplexität aus. An dieser Stelle sollte versucht werden, mit den Stellgrößen zu experimentieren. An welcher Stelle ist der Engpass, welche Regel oder Bedingung sorgt dafür, dass der Prozess stockt, nicht rund läuft, dass Ergebnisse nicht gleichmässig verteilt sind oder das Ziel nicht erreicht wird. Man spricht in diesem Zusammenhang auch von constraints (Techt 2010).

Tipp

Entscheidungen klar dokumentieren und für alle zugänglich machen. Diese Entscheidungen, wenn möglich immer durch die gleiche Person kommunizieren lassen, auch wenn die Entscheidung geändert wird. Das vermittelt Sicherheit, dass alle das gleiche Verständnis haben und darüber gesprochen wurde. Ansonsten kann schnell der Eindruck entstehen, dass sich einzelne Personen nicht abstimmen und jeder macht was er will.

4.2.3.4 Fallstricke

Im Detail verlieren

Gerade wenn man am Definieren oder Modellieren von Anforderungen oder Prozessen ist, kann es schnell passieren, dass man sich im Detail verliert. Nicht selten auch, weil der Kunde meint, in der Darstellung fehlt noch der eine oder andere Aspekt und sie sei nicht vollständig. Wichtig ist, dass hier ein gemeinsames Verständnis geschaffen wird, dass das Modell als Gesprächsgrundlage dienen soll und zur Veranschaulichung. Es soll kein Ersatz für die Anforderungsbeschreibung darstellen. Wäre dies der Fall, so würde man nur zusätzlich an Komplexität gewinnen. Zum einen, weil es zwei Quellen an Anforderungen zu pflegen und zu synchronisieren gäbe. Zum anderen aber auch, weil man früher oder später wieder den Wald vor lauter Bäumen nicht mehr sieht. Ziel darf es nicht sein, eine grafische Darstellung bis ins kleinste Detail zu allen Anforderungen und Möglichkeiten zu haben.

Drang zur Perfektion

Auch der Drang zur Perfektion kann hier mehr Zeit rauben als Nutzen stiften. Sei es Perfektion im Sinne von Inhalt oder von der optischen Darstellung (Annen 2014/2). Oftmals ist doch schneller mit Stift und Papier etwas gezeichnet und später eingescannt, als dass man sich lange mit einer Software abmüht. Eine weitere Gefahr, die besteht, ist die Selbstverwirklichung. Manche Menschen neigen dazu, wenn sie Freiraum bekommen um Lösung zu erarbeiten, eine Eierlegende-Woll-Milch-Sau zu kreieren, die mit Sicherheit toll wären, aber unrealistisch sind und daher doch lieber auf das Essentielle reduziert werden sollten. Wichtig ist hier, sich auf das Ziel zu fokussieren. Was stiftet Nutzen und Mehrwert?

Schubladendenken

Ein häufig beobachtetes Phänomen ist, dass die Anforderungen in Schubladen gepackt und klassifiziert werden. Man bildet sich dabei seine eigene Wirklichkeit, so wie man es persönlich erlebt hat, es sich vorstellt und kennt. Dabei verliert man den Blick für Wechselwirkungen und Zusammenhänge. Denn letztendlich ist der Projektleiter nicht vom Fach und muss am Ende auch nicht täglich mit dem Ergebnis leben. Daher kann es gut sein, dass es Aspekte gibt, die mir nicht bewusst sind und vielleicht auch nur indirekten Einfluss auf das System haben.

Einzelprobleme statt großes Ganze

Das System wird nicht als Ganzes gesehen, sondern auf seine Einzelteile oder das Problem reduziert. Hier kann es gefährlich sein, wenn sich das Team auf dem Fachgebiet nicht auskennt, oder implizite Annahmen getroffen werden, weil die Aufgabenstellung so klar und einfach erscheint. Besser ist hier auf jeden Fall die Annahme zu prüfen, idealerweise in Form von Szenarien und Modellen oder direkt via Prototypen.

Reparaturverhalten

Eine Gefahr, die oft besteht, besonders, wenn in der Anforderungsdefinition viele Stakeholder involviert sind und die Anforderungen nicht eindeutig sind, ist das Reparaturdienstverhalten. Das bedeutet, es werden Probleme gelöst, die gerade bestehen und unter Umständen gar keine Priorität haben. Wer am lautesten schreit gewinnt, oder wo man sich am besten auskennt und eine Lösung parat hat. Ein Beispiel hierfür ist mangelnde Datenqualität in der Anwendung. Anstatt zu schauen, wo Dubletten in den Datensätzen her kommen, werden bestehende Dubletten einfach mittels eines Datenbank Patches entfernt. Dass bei einem zukünftigen Update neue Dubletten erzeugt werden und in der Regel ein Patch mit Versionierung nur einmal eingespielt werden kann, sorgen dann in der Zukunft für zusätzliche Komplexität.

Beispiel

Ein Beispiel im Bereich Anforderungen habe ich in einem Projekt erlebt, in dem Produktentwicklung betrieben wurde. Dem Kunden wurde ein Produkt (Ablösung eines Altsystems) verkauft. Und da ja alles schon da war, mussten auch keine Anforderungen aufgenommen werden. Der Kunde war zufrieden zu wissen, dass es diese Funktion im System gibt. Was nicht bedacht wurde war, dass der Kunde mit dem Produkt ein Altsystem ablöst. Und dieses Altsystem hatte auch die Funktionalität, welche stark benutzt wurde. Die implizite Erwartung war, dass Funktionen die gleich heißen, auch gleich funktionieren. Dem war aber nicht so. Und da der Vertrieb gut ist im Verkaufen, aber nicht umbringt im Abschätzen des Aufwandes, wurde entscheiden, dass es sich nur um Kleinigkeiten handelt und diese Anpassungen vorgenommen werden können bis zum nächsten Release. Dass die Entwickler dafür keine Zeit eingeplant hatten, gar keine Anforderungen hatten, wurde nicht bedacht. Ebenso stellte sich einige Tage nach der Abmachung heraus, dass auch im Umfeld der Daten gleiche Begriffe verwendet wurden, diese aber mit anderer fachlichen Bedeutung hinterlegt sind. Damit konnte nicht einfach ein Feld ausgetauscht werden wie angenommen, sondern es musste wirklich eine komplett neue Funktionalität integriert werden. Natürlich alles so schnell als möglich. Es erübrigt sich zu erwähnen wie die Tests dieser Funktion ausfielen.

4.2.3.5 Was sagt Klemens dazu

Klemens schaut sich die aktuelle Ausgangslage zum Thema Windkraftanlagen an. Er sieht sehr viele fachliche Entscheidungen, die zusammenhängen und sich gegenseitig beeinflussen. Und letzten Endes ist überhaupt nicht eindeutig prognostizierbar wie sich Wind und Wetter verhalten und auch nicht, was an Energie produziert werden kann. Der Zusammenhang zwischen Instandhaltungskosten und der begrenzten Bauhöhe ist ihm auch nicht ganz klar. Normalerweise versucht man so hoch wie möglich zu bauen. Da kommt es darauf an, welche Turmhöhen gerade angeboten werden. Man muss dabei beachten, dass je höher der Turm wird, desto höher werden die Kosten. Aber gleichzeitig wird der Ertrag nicht immer noch stärker steigen, um die Kosten des höheren Turmes ausgleichen zu können. Es gibt momentan schlichtweg zu viele Unbekannte in der Gleichung. Es hilft nichts, irgendwo muss begonnen werden. Also packt Klemens seinen Block ein, setzt sich in den Zug und fährt ein paar Tage weg. Zum einen besucht er einen Winzer im Tessin und lässt sich dort über thermische und klimatische Auswirkungen auf den Wein aufklären. Dann geht seine Tour weiter zu einem Ingenieurbüro, dass zwar nicht in der Nähe von Weinbergen und einem Flughafen gebaut hat, dafür aber in der Nähe eines Naturschutzgebietes. Als Letztes trifft er sich mit dem Vorsitzenden des Verbands für Windkraftenergie und dem Betreiber zahlreicher Windkrafträder in der Region. Dort bekommt er den Hinweis auf eine eintägige Tagung zu dem Thema Windenergie mit entsprechender Fragerunde und der Möglichkeit sich zu vernetzen. Am Ende hat Klemens eine Reihe von Informationen und Kontakten gesammelt und konnte mit jedem Gespräch bereits gewonnenes Wissen weiter in Verbindung mit anderen Themen bringen. Auf diese Art und Weise hat sich herauskristallisiert, dass aufgrund der aktuellen Sachlage es genau drei Szenarien gibt, wie die Anlage sinnvoll gebaut werden kann. Hierbei hängt es davon ab, welchen Schwerpunkt der Auftraggeber setzt und wie risikoscheu er ist. Klemens bereitet hierfür eine kurze Präsentation als Entscheidungsgrundlage für das nächste Lenkungsausschussmeeting vor. Stolz schaut er auf seine drei Folien und sieht gelassen der Entscheidung entgegen. Er geht – und kommt zurück. Mit einer Entscheidung. Und mit dem Auftrag einen Implementierungspartner vorzuschlagen und zu prüfen, in wie weit das Vorhaben medienwirksam platziert werden und genutzt werden kann, um sich zu vernetzen.

4.2.3.6 Fazit

An dieser Stelle soll nochmal kurz zusammengefasst werden, welche Merkmale Komplexität im Bereich von Domäne und Anforderungen hat, wie man am besten mit ihr umgeht und was man besser vermeiden sollte.

Merkmale:

- intransparente Ziele
- viele Elemente, die sich beeinflussen
- zahlreiche Abhängigkeiten, die nicht komplett erfasst werden können
- SOLL Zustand kann nicht vollumfänglich beschrieben werden
- Konsequenzen von Entscheidungen sind erst später ersichtlich

Do:

- Modellierung, Standardisierung
- Szenarien Technik
- Analogiemethode
- moderieren statt regieren
- Managen von Constraints

Don't:

- Versuch, alles im Detail zu beschreiben
- Perfektionismus
- Problem betrachten statt System
- implizite Annahmen
- Reparaturdienstverhalten

4.2.4   Organisation und Struktur

In das Gesamtvorhaben sind nun mehrere Gemeinden und Länder involviert. Das Land, auf dem der Windpark realisiert werden soll, gehört den Gemeinden selbst oder es fällt zumindest in deren Bezirk. Die Gemeinden und Länder müssen in ihrer Organisation, was die Genehmigung und Entscheidungsfindung angeht, vollumfänglich berücksichtigt werden. Dazu kommen das Amt für Raumordnung und Vermessung und die Planungs- und Energiekommission, die in den Prozess involviert werden müssen. Und zwar sowohl auf deutscher, sowie auf Schweizer Seite. Hier stellt sich ganz schnell die Frage, wie die Zusammenhänge und Abhängigkeiten sind, wer beratend tätig ist und wer entscheiden darf. Es müssen also Rollen, Verantwortlichkeiten und Kompetenzen geklärt werden.

4.2.4.1 Guidos Welt

Guido überlegt nun mit wem genau er eigentlich das weitere Vorgehen abstimmen muss und wie die Prozesse hierzu aussehen könnten. Er beschließt seinen Auftraggeber um die wichtigen Kontakte zu bitten. Gesagt, getan. Guido bekommt eine Liste mit Ansprechpartnern von der Gemeinde in der Schweiz und dem Planungsamt Baden-Württemberg in Deutschland, vom Schweizer Verband für Windenergie, von Bauunternehmen aus Deutschland, der Schweizer Presse und deutschen Energieunternehmen. Guido schaut sich die Kontakte an und beginnt diese zu strukturieren. Da ja sowohl Deutschland als auch die

Schweiz involviert sind, versucht er nun zu jedem der Kontakte das Gegenstück in beiden Ländern zu finden. Zudem versucht er eine gleichseitige Entscheidungshierarchie abzubilden. Die Liste ist ziemlich schnell erstellt. Dank der Hilfe von Personen der Kontaktliste war es sogar möglich, noch weitere Personen kennen zu lernen. Nun geht es also um die Abstimmung des Vorhabens. Dazu geht Guido auf die zwei Stadträte zu, um mit ihnen die die Möglichkeiten der Umsetzung abzustimmen. Ziel ist es, das Genehmigungsformular, das er hierfür im Internet für beide Länder gefunden hat, unterschreiben zu lassen. Im Vorfeld hat er alle Unterlagen kopiert und bei beiden Gemeinden eingereicht. Nun stellt sich jedoch heraus, dass beide Länder über unterschiedliche Anforderungen verfügen. Vorgaben, die für Deutschland erfüllt werden müssen, sind in der Schweiz nicht relevant. Bestätigungen, die in der Schweiz eingeholt werden müssen, sind in Deutschland nicht von Interesse. Für Gesuche gibt es spezielle Stichtage wann diese eingereicht werden müssen, um zur Prüfung und Abstimmung zu kommen. Ein Prüfen der Unterlagen mit der Rückmeldung, dass etwas fehlt, kostet nicht nur Zeit, sondern auch jeweils Bearbeitungsgebühr und Nerven. Am Ende steht Guido mit einem Haufen Kontakten da. Jeder schickt ihn zu jemand anderem mit neuen Formularen und zu jedem Dokument und Schreiben hat er mittlerweile mehrere Ausführungen und Versionen. Die ganze Struktur fliegt ihm um die Ohren wie ein Kartenspiel (Abb. 4.4). Er hat den Überblick über den Prozess und den eigentlichen Status verloren.

Abb. 4.4 Kartenspiel (Carroll 1865)

4.2.4.2 Merkmale

Geschichte

Die Organisation, in der wir uns befinden, hat starken Einfluss auf unser Projekt. Aufbau-, Ablauf- und Matrixorganisationen haben eine eigene Dynamik, die sich auf Entscheidungsprozesse und interne Abläufe auswirkt. Hierbei handelt es sich aber nicht nur um Entscheidungen bezüglich des Projektmanagements, wie beispielsweise Terminverschiebung oder Budgetgenehmigung. Sondern diese betrifft alle organisatorischen Abläufe, deren Hintergrund und Aufbau es zuerst zu verstehen gilt. Jede Organisation hat eine Geschichte, die beschreibt, warum die Struktur so ist wie sie ist. Oftmals zeigt sich die Auswirkung dieser Geschichte in der Art der Zuständigkeiten und Abläufen.

Rückkopplung

Auch die Frage, wo in der Organisation die fachliche Kompetenz sitzt, spielt hier eine große Rolle. Wer sind die direkt oder indirekt betroffenen Personen und wo sind sie angesiedelt? Wie groß ist die Stärke der Einwirkung der einzelnen Organisationseinheit auf das Projekt? Das kann aber auch bedeuten, dass im Projekt nicht alle notwenigen Vertreter der einzelnen Abteilungen vertreten sind oder falsche, respektive zu schwache Entscheidungsträger im Projektteam sind. Die Abhängigkeiten innerhalb der Organisation sowie die Abläufe gilt es zu verstehen und entsprechend zu berücksichtigen, sowohl in der Kommunikation, als auch bei der Entscheidungsfindung und bei Verwaltungsabläufen und dem Aufbau der eigenen Projektorganisation. Denn so etwas kann Rückkopplungen verursachen, die starken Einfluss auf das Vorankommen des Projektes haben.

Akkumulation

Je größer hier die Schnittstellendichte zu anderen Organisationseinheiten ist, umso herausfordernder wird die Aufgabe. Schauen wir zu unserer Definition von Komplexität, so können wir hier mit gutem Gewissen sagen, wenn viele verschiedene Organisationseinheiten beteiligt sind und viele übergreifende Prozesse existieren, so ist die Eigenschaft der Akkumulation gegeben. Das ist ein Kennzeichen von Komplexität.

Nicht Linear

Interne und externe Verordnungen können aus einem einfachen Thema ein kompliziertes oder ganz komplexes Unterfangen machen. Ein rechtzeitiges Informieren und Berücksichtigen ist hier unabdingbar. Ebenso können diverse Gesetze, Auflagen, Verträge, Normen oder Regeln das tägliche Leben erschweren. Besonders dann, wenn mit Änderungen an den unterschiedlichen Stellen zu rechnen ist, aber nicht bis zur endgültigen Verabschiedung gewartet werden kann (nicht linear).

Verzögerung

Markt, Gesellschaft, Politik und internationale Verflechtung spielen hier ebenso mit hinein und beeinflussen die Abläufe, Kommunikationswege und Abstimmungen. Maßnahmen oder Eingriffe im sozialen Umfeld greifen nicht sofort, die Auswirkung ist erst später ersichtlich. Verzögerung, ein weiteres Kennzeichen von Komplexität, das allerdings in jedem sozialen Umfeld greift.

Leistungsfähigkeit
Komplexe Organisationen weisen auch oft ein gestreutes Wissen auf, so dass Ressourcen für Projekte aus unterschiedlichen Organisationseinheiten kommen. Selten stehen Mitarbeiter zu 70 % oder mehr zur Verfügung. Oftmals werden diese Wissensträger zwischen allen Projekten aufgeteilt, so dass keiner etwas davon hat, am wenigsten der Mitarbeiter selbst, denn dieser wird zwischen den Projekten und dem Alltagsgeschäft zerrieben. Ressourcenengpässe und Streitigkeiten sind vorprogrammiert (Stichwort Leistungsfähigkeit).

4.2.4.3 Umgang

Organisationsprozesse strukturieren
Ein Hilfsmittel kann es sein, die benötigten Organisationsprozesse zu strukturieren. Wichtig ist hier das geeignete Maß an Detailierung zu finden. Es hilft nichts, wenn der Prozess bis ins kleinste Detail definiert wurde, der Prozess an sich aber nur der Projektunterstützung oder Abwicklung dient, nicht aber das eigentliche Projektergebnis darstellt. Es müssen nur Schwachstellen und Abhängigkeiten erkannt und Engpässe rechtzeitig wahrgenommen werden.

Verantwortlichkeit
Relevant für das Projektziel sind nur der Ablauf, die Abhängigkeiten sowie die verantwortlichen Personen oder Gruppen, die dann auch als Ansprechpartner dienen. Man muss nicht jeden Arbeitsschritt dieser Menschen kennen, sie wissen selbst am besten was sie zu tun haben. Aber es muss klar sein, wer wofür verantwortlich ist.

Netzwerk
Da die Menschen einer Organisation nicht nur über ein Organigramm miteinander verbunden sind, sondern auch über informelle Netzwerke und Beziehungen verfügen, bietet es sich an, dies in entsprechenden Modellen abzubilden und sich gezielt zu Nutze zu machen. Hier gibt es verschiedene Modelle, die zum Einsatz kommen können. Manche dienen dem Austausch innerhalb eines Projektzeitrahmens wie beispielsweise das teamorientierte Modell, Qualitätszirkel oder Hypertextorganisation. Andere sind eher für eine langfristige Vernetzung der Mitarbeiter auch über die Projektzeitdauer hinaus geeignet, wie beispielsweise das Netzwerkmodell, die Lernstadt oder Technologiegruppen. Spannend ist hier in jedem Fall, wie diese Organisationsformen am Leben erhalten werden können, wenn die erste Euphorie verflogen ist.

Unterstützung Top Management

Oftmals wird hierfür kein gesondertes Budget, weder monetär noch in Form von Zeit zur Verfügung gestellt. Diese organisationsübergreifende Vernetzung hilft, Prozesslücken aufzudecken, oder besser noch zu überbrücken. Es werden verdeckte Betroffene entdeckt und indirekt ein sehr effizientes Stakeholdermanagement betrieben. Dafür bedarf es der Unterstützung des Top Managements (Kotter 2012).

Tipp

Es ist nicht nur wichtig die einzelnen Teams und Mitarbeiter zu kennen, sondern auch ihre jeweilige Arbeitsweise, Einstellung und wie sie mit Anderen zusammenarbeiten. Es ist nicht immer eindeutig, wer was wie bearbeitet. Ein Team, das nicht gewohnt ist im Projektmodus zu arbeiten und plötzlich Lieferant oder Dienstleister für eine Task Force darstellt, wird unweigerlich Probleme bekommen mit der Arbeitsweise des anderen Teams. Je eher man erkennt, wie die Menschen zu arbeiten gewohnt sind und wie sie sich und ihre Arbeit strukturieren, umso besser kommt man mit damit zu recht. Vor allem kann es frühzeitig eingeplant werden und sorgt so für weniger Reibereien.

4.2.4.4 Fallstricke

Sich auf beschriebene Prozesse verlassen

Davon auszugehen, dass der Projektleiter über Prozessstillstände aktiv informiert wird und sich ein Projektmitarbeiter bei ihm meldet, weil etwas fehlt und er so nicht weiterarbeiten kann, ist sehr leichtfertig. Es darf nicht davon ausgegangen werden, dass einmal definierte Prozesse im Unternehmen immer funktionieren. Oftmals sind es informelle Abläufe oder Netzwerke, die Kommunikation in Schwung halten. Abläufe können jederzeit ins Stocken geraten, wenn man zum Beispiel die zuständige Person nicht kennt, der Antragsteller keine Zeit für Rückfragen hat oder wichtige Ansprechpartner im Urlaub sind. Manchmal kann es auch passieren, dass sich keiner richtig verantwortlich fühlt. Es ist dann auch sehr schwer den Status des Projektes festzustellen oder Alternativen zu diskutieren.

Strukturelle Macht

Ein Eingreifen in die Organisation oder Abläufe mit Hilfe von struktureller Macht stößt selten auf Akzeptanz und Erfolg. Das hat unterschiedliche Gründe. Oftmals verfügen die Manager nicht über das nötige Fachwissen, um inhaltliche Entscheidungen für das Projekt oder projektbezogene Abläufe zu treffen. Daher werden diese Personen auch oft nicht akzeptiert, sei es laut ausgesprochen, dass Mitarbeiter Kritik äußern, oder indirekt, indem die Anweisungen frei interpretiert ausgelebt werden.

Wirken über Hierarchien

Das Wirken mittels Hierarchie hat aber noch einen weiteren Nachteil. Es gibt dem Team das Gefühl nicht ernst genommen zu werden. Der Weg von oben bedeutet, das Team bekommt etwas aufgedrückt und wird vor vollendete Tatsachen gestellt. Das können

Entscheidungen, Abläufe oder auch Termine sein. Das alles wirkt sich auf die Motivation und den weiteren Arbeitsverlauf aus.

Geschichte ignorieren

Da jede soziale Gruppe ein komplexes System darstellt, kann hier nie genau gesagt werden, wohin die Eigendynamik das Team führt und was daraus wird. Auf alle Fälle haben auch Organisationen und Strukturen eine Geschichte, die sie prägen und dahin gebracht haben wo und wie sie heute sind. Dies darf man nicht vergessen. Wie viele Neuorganisationen, Führungswechsel und Strategieausrichtungen gab es in den letzten fünf Jahren und wie sieht es mit der Aufgabenverteilung und der übergreifenden Zusammenarbeit aus? Je öfter sich dies ändert oder auch je neuer diese ist, umso schwieriger ist es, damit umzugehen. Spannend ist in dem Zusammenhang sicher auch die Frage nach der Mitarbeiter-Fluktuation.

Beispiel

Die Erfahrung zeigt immer wieder, wie wichtig es ist Aufgaben und Kompetenzen zu klären. Sicher gibt es Personen, die gar kein Interesse daran haben Verantwortung zu übernehmen. Aber vielleicht ist es hier an der Zeit klar zu machen, dass sie trotz allem Verantwortung für das Ergebnis ihrer Arbeit tragen. Spannend finde ich die Konstellation aus Fachprojektleiter und technischem Projektleiter. Ist dieses Setup gewählt, um dem Fachbereich vor zu machen er habe Einfluss? Oft erlebe ich es so, dass der Kunde / Fachbereich Geld gibt, aber die Termine gibt die IT vor. Noch spannender ist eine Unterteilung bei Softwareunternehmen, bei denen eine Trennung Produktprojektleiter und Kundenprojektleiter vorhanden ist. Wo hört die Verantwortung des einen auf und wo fängt die des anderen an? Muss es den einen Interessieren, wann der Endkunde testet oder gibt er einfach die Software ab und wartet was passiert? Wie kommt der Pulsschlag des Kunden in das Projektteam? Und wer kommuniziert mit dem Kunden? Wenn hier nicht ganz klar festgelegt ist, wer wofür zuständig ist, dann geht das mächtig schief. Dann wird die Verantwortung für einen n:n Test abgelehnt, Termine sind ja nicht die eigenen, sondern auf diktiert und eigentlich müssen die Schnittstellen ja durch den Kundenprojektleiter koordiniert werden. Und dann spielt die Linienorganisation noch mit hinein. Eines meiner letzten Projekte, in denen ich als Coach tätig war, hätte sich durch diesen Setup beinah selbst lahm gelegt. Die Aufgaben und Kompetenzen, aber auch Verantwortlichkeiten, wurden nicht klar kommuniziert und jeder dachte, der andere macht das schon, ich bin nicht verantwortlich das zu klären. Diesen Missstand konnte ich aufzeigen und dadurch die Situation ändern, um das Projekt doch noch zum Erfolg zu führen.

4.2.4.5 Was sagt Klemens dazu

Auch Klemens fragt bei seinem Auftraggeber erst einmal nach den bisherigen Kontakten und versucht die Rollen parallel in beiden Ländern zu besetzen. Schnell merkt auch er, dass viele Personen in den Prozess involviert sein werden und versucht nun für sich, die

Zusammenhänge und Abläufe aufzuzeichnen. Dabei versucht er zum Beispiel folgende Fragen zu klären: Welche Organisation ist wann involviert? Wer ist der Ansprechpartner? Was passiert davor und danach, was sind Voraussetzungen und Ergebnisse? Die Arbeit ist langwierig und mühsam. Zum einen, weil die Ansprechpartner nicht immer verfügbar sind, zum anderen, weil sie aber auch selbst oftmals die Vorgängerprozesse oder Nachfolgeabläufe nicht kennen. Der Auftraggeber wird langsam ungeduldig. Vier Wochen sind schon vergangen und kein einziger Antrag wurde gestellt, scheinbar geht das Projekt hier keinen Schritt weiter. Er beginnt das Vorgehen von Klemens in Frage zu stellen und stellt ihn zur Rede. Klemens ist etwas verunsichert und fragt sich, was er nun am besten tun soll. Ganz klar sind ihm die Abläufe und Zusammenhänge noch nicht. Er beschließt zwei Dinge zu tun. Als erstes sorgt er für Transparenz. Er zeichnet die Abläufe, soweit er sie Stand heute kennt, mit allen Stellen, Abhängigkeiten und offenen Punkten auf ein großes Plakat. Eines für die deutschen und eines für die Schweizer Abläufe. Die Plakate nimmt er zu seinem nächsten Treffen mit dem Auftraggeber mit. Dort erklärt er anhand der Grafiken wie die Abläufe grob stattfinden. Er beschreibt aber auch kritische Punkte und Fragestellungen und zeigt, wo aktuell die Probleme liegen und warum diese so wichtig sind. Ein unnötiges Risiko sei, so erklärt er, unbedacht auf die Entscheidungsträger zu zugehen und damit den Eindruck zu erwecken, sich nicht informiert zu haben. Oftmals weckt dies Misstrauen und verlangsamt und erschwert den gesamten Prozess künstlich. Der Auftraggeber ist beeindruckt und stolz, dass nun sogar er die Abläufe verstanden hat und auch weiß, wo der Schuh drückt. Dass in Deutschland die Gemeinden über die Nutzung und Bebauung ihrer Fläche entscheiden können, während das in der Schweiz erst über den Kanton geklärt und dann durch eine Abstimmung der Bevölkerung in der Gemeinde bewilligt werden muss, war ihm so bisher nicht bewusst. Das Verständnis dafür ist nun geschaffen, woran Klemens die ganze Zeit gearbeitet hat und warum es so wichtig ist, hier im Voraus Zeit zu investieren.

4.2.4.6 Fazit

An dieser Stelle soll nochmal kurz zusammengefasst werden, welche Merkmale Komplexität im Bereich von Organisation und Struktur hat, wie man am besten mit ihr umgeht und was man besser vermeiden sollte.

Merkmale:
- hohe Schnittstellendichte zu anderen Organisationseinheiten
- übergreifende und intransparente Prozesse
- Abhängigkeiten zu externen Umwelten wie Gesetze und Auflagen
- Ressourcenengpässe
- unbekannte Wissensträger

Do:
- Prozesse und Strukturen mit Abhängigkeiten transparent machen
- Wissens- und Entscheidungsträger entlarven
- organisationsübergreifenden Austausch schaffen
- Unterstützung Top Management suchen

> **Don't:**
> * Prozesse als gegeben und funktionierend ansehen
> * Wirken über Hierarchien
> * Geschichte außer Acht lassen

4.2.5   Stakeholder

Nun wird es langsam ernst und die Windkrafträder werden konzipiert. Der Prozess für die Genehmigung ist schon so gut wie abgeschlossen, oder besser gesagt, auf gutem Weg. Wenn da nicht noch die anderen Interessensgruppen wären. Da gibt es den Heimatverband, der sich zum Schutz der Landschaftsgestaltung einsetzt. Unterschiedliche Energielieferanten mit diversen Kalkulationen, Auflagen und Ideen der Zusammenarbeit. Nicht zu vergessen Naturschutzvereine, Umweltschutz, Polizei, Feuerwehr, Infrastruktur der Luftfahrt (SIL), Anwohner der Gemeinden, Wanderverein, Förster und Wildhüter, Bezirke, Vereine, Medien, Rechtsprechungen bzgl. Einspeisungen und vieles mehr. Der Umfang an externen Einflüssen scheint größer zu sein als die technischen Herausforderungen in dem Projekt. Zumal sich auf deutscher Seite in unmittelbarer Nähe ein Naturschutzgebiet befindet.

4.2.5.1 Guidos Welt

Guido weiß aus eigener Erfahrung wie wichtig Stakeholdermanagement ist und hat auch schon genug darüber in der Zeitung gelesen, wie oft große Projekte durch mangelndes Stakeholdermanagement zum Scheitern gebracht wurden. Aus diesem Grund will er hier auf Nummer sicher gehen und beginnt an einer Liste aller ihm bekannten Stakeholder zu arbeiten. Als nächstes erstellt er einen Kommunikationsplan, in dem er festhält, wie oft und auf welche Art er sich mit den jeweiligen Personen austauschen möchte. Dem Verband für Vereine und den Anwohnern will er am Anfang Infoveranstaltungen anbieten, danach aber nur noch über den Status und Verlauf informieren und ein Informationsportal sowie ein Fragentelefon einrichten. Naturschutzverband und Förster sollen ein- bis zweimal im Monat über den Verlauf informiert werden. Wenn diese einmal zugestimmt haben, müssen sie nur noch über aktuelle Veränderungen informiert bleiben. Medien und Behörden werden hier enger bedient und zu regelmässigen Abstimmungen eingeladen. Am Anfang funktioniert alles prima. Alle fühlen sich informiert und abgeholt. Aber langsam merkt Guido, dass etwas nicht stimmt. Es ist zu ruhig. Vielleicht werden die Informationen nicht mehr gelesen? Eine leichte Unruhe kommt auf. Dann werden plötzlich kritische Fragen gestellt. Fragen, die eigentlich schon lange als geklärt galten und aus einer ganz anderen Ecke kommen als erwartet. Auf einmal soll Guido nochmal eine Budgetplanung aufstellen und eine Wirtschaftlichkeitsbetrachtung durchführen. Man überlegt sich, ob das Projekt wirklich durchgeführt werden soll, oder ob es nicht besser wäre, auf einer Seite der Grenze den gesamten Windpark zu bauen und am besten so weit entfernt von der Schweizer Seite, dass Schattenwurf und Diskoeffekt nur auf der deutschen Länderseite auftreten und die Schweizer Seite selbst komplett unberührt bleiben würde. Guido fehlen die Worte.

Er hatte doch alle von Anfang an ins Boot geholt und immer informiert. Und nun, kurz vor Vertragsunterzeichnung mit den Lieferanten wird alles in Frage gestellt? Was war passiert? Der Wanderverein hatte bei einem Ausflug in den betroffenen Wald einen Sandbienenstock gefunden. Diese Bienen sind vom Aussterben bedroht und wären durch die Windräder massiv in ihrem Lebensraum beeinträchtigt. Dass diese auf der roten Liste stehende Tierart hier zuhause ist, war bisher nicht bekannt. Der Wanderverein wandte sich an den Naturschutzverein, welcher sofort einen Antrag stellte, den Wald als Naturschutzgebiet zu deklarieren. Dieser Antrag ging über einen anderen Kanal, an den Projektinvolvierten vorbei, in die Gemeinde und wurde daher auch nicht sofort mit dem Windradvorhaben in Verbindung gebracht. Erst als es in der Stadträteversammlung auf der Tagesordnung stand, wurde darüber diskutiert. Da der Vorsitzende des Naturschutzbundes auch selbst im Stadtrat sitzt, wurde das Thema entsprechend hoch priorisiert. Ansätze vom Verschieben des Standortes um ein paar Meter, so dass die Bienen nicht beeinträchtigt werden, bis hin zum kompletten Stopp des Vorhabens auf heimischen Grund wurden heiß diskutiert.

4.2.5.2 Merkmale

Akkumulation

Sobald viele Menschen involviert sind und dabei unterschiedliche Interessen vertreten, wird die Situation ungleich komplex. Sind die unterschiedlichen Interessen rational und fachlich begründet, mag der Umgang damit noch relativ einfach sein.

Rückkopplung

Doch meist spielen Emotionen hier eine viel größere Rolle als tatsächlich inhaltliche Fragestellungen. Stakeholder, die sich nicht entsprechend involviert oder in ihrer Kompetenz beschnitten fühlen, können ein Projekt leicht zum Scheitern bringen.

Verzögerung

Oft gibt es auch Wissensträger oder Beteiligte, von denen man nichts weiß, die aber elementar wichtig sind für das Gelingen des Projektes. Wer kann inhaltlich dazu beitragen das Projekt voran zu treiben? Sicherlich hat nicht jeder Stakeholder gleich viel Einfluss. Aber es ist gefährlich die Macht dadurch herauszufinden, dass irgendwann – mit Verzögerung – der Auftraggeber vor der Tür steht und das Projekt beendet bzw. eine entsprechende Personalentscheidung trifft.

Nicht Linear

Hin und wieder ist es nicht direkt ersichtlich, wer aufgrund seiner Funktion berechtigt ist Entscheidungen zu treffen oder die Macht hat Einfluss zu nehmen. Diese kann er nämlich sowohl offiziell kraft seines Amtes haben, aber auch inoffiziell aufgrund von Beziehungen, was die Sachlage noch schwieriger gestaltet. Es entsteht ein intransparentes Beziehungsgeflecht, was definitiv nicht linear ist. Eine bisher unscheinbare Person entpuppt sich als wichtiger Stakeholder, weil er Entscheidungen auf den unterschiedlichsten Ebenen durch sein Beziehungsnetz beeinflussen kann.

Leistungsfähigkeit

Von dieser Vielzahl an Personen will jeder zu dem Projekterfolg beitragen und seine Erfahrung einbringen. Das macht es ziemlich schnell unübersichtlich und komplex. Mehr Wissen oder wie in diesem Fall mehr involvierte Personen führen nicht automatisch zu einem besseren Ergebnis. Damit sprechen wir wieder von der limitierten Leistungsfähigkeit eines Systems.

Geschichte

Die Vernetzung der Stakeholder und deren Beziehung zueinander hängen oft mit einer Geschichte zusammen. Sei es dass sie früher zusammen gearbeitet haben, im gleichen Verein sind, der eine mal der Chef des anderen war oder private Konflikte vorherrschen. Nicht alle diese Punkte können erkannt werden, manche erfährt man im Laufe des Projektes, andere kommen vielleicht erst danach zum Vorschein. All das hat Einfluss auf das Projekt und steigert die Komplexität und führt zu Konfliktpotential.

4.2.5.3 Umgang

Stakeholderanalyse

Auf die Art und Weise wie eine Stakeholderanalyse durchgeführt werden muss, soll hier nicht weiter eingegangen werden. Ich setze an dieser Stelle voraus, dass ein Projektleiter, der sich mit Komplexität beschäftigt, das Thema Stakeholdermanagement als unabdingbare Übung betrachtet und das bereits Bestandteil seiner Arbeit ist, in welchem Reifegrad auch immer.

Aufzeigen Konfliktpotential

Was oft zu kurz kommt, ist das Aufzeigen von Konfliktpotential. Dies kann sowohl auf zwischenmenschlicher Ebene aufgezeigt werden, wenn beispielsweise die persönliche Beziehung im Vordergrund steht und nicht das inhaltliche Thema. Es kann aber auch eine Konfliktmatrix erstellt werden, in der ersichtlich wird, welches Thema Konfliktpotential zwischen welchen Parteien dieses Potential in sich birgt, da hier ein Interessenkonflikt vorherrscht. Diese Übung macht mit Sicherheit nicht immer für alle Projekte Sinn, kann aber im komplexen Umfeld eine wichtige (Gedanken-) Stütze für den Projektleiter sein in der Art und Weise wie er manche Themen angeht oder kommuniziert.

Hintergründe

Denken wir mal an die Taube aus Alice im Wunderland (Abb. 4.5). Für sie ist alles, was lang und dünn ist: eine Schlange. Schlangen essen ihre Eier und machen ihr das Leben schwer. Schlangen sind böse und damit ist pauschal alles, was lang und dünn ist, eine Schlange und ebenfalls böse und negativ. Nur wenn wir ihren Hintergrund kennen, können

Abb. 4.5 Die Schlange (Carroll 1865)

wir ihr Verhalten nachvollziehen. Auch die persönliche Situation und Erfahrung der
Stakeholder darf nicht vernachlässigt werden. Die Wahrnehmung und Verknüpfung mit
gemachter Erfahrung sorgt für Außenstehende, die den Hintergrund nicht kennen, manchmal für irritierende Situationen.

Erwartungsmanagement
Wir kommen zum Thema Erwartungsmanagement, das wir nochmals im Zusammenhang
mit der Technologie betrachten werden. Unter Umständen hilft es hier, die interne und
externe Umwelt genauer zu beleuchten und auch Vergleiche mit ähnlichen Projekten
durchzuführen. Es gilt also, jederzeit den Einfluss der Stakeholder benennen zu können,
sowie deren Beweggründe und deren explizite und implizite Erwartungen zu kennen, aber
auch regelmässig zu überprüfen.

Veränderung wahrnehmen
Wichtig ist, dass Veränderungen bei Personen, aber auch im Umfeld wahrgenommen werden. Menschen verändern sich. Bedingt durch den Einfluss anderer Menschen, aber auch

durch Selbsterkenntnis können sich die Meinung, vielleicht auch die Einstellung und der Umgang mit einer Person zu einem Thema ändern. Gefährlich wird dies, wenn man diese Veränderung nicht wahrnimmt, sondern weiter an seinen zu Beginn gemachten Analysewerten festhält. Denn diese Einstellung kann sehr schnell kontraproduktiv werden. Eventuell werden Chancen nicht genutzt, die sich aus dem Wissen oder Können der falsch eingeschätzten Person ergeben, oder im schlimmsten Fall verhärten sich die Fronten aufgrund mangelnder Kommunikation und die Zielerreichung ist gefährdet. Hier heißt es am Ball bleiben und es sich zu einer guten Gewohnheit zu machen, seine Stakeholderanalyse zu aktualisieren.

Aktiver Kommunikationsfluss

Im Zusammenhang mit dem Stakeholdermanagement sei noch zu erwähnen, dass Kommunikation nicht nur in eine Richtung gehen darf. Es ist nicht immer damit getan den Statusbericht per Mail zu verschicken und zu sagen, er weiß doch Bescheid. Wichtig ist hier ein aktiver Kommunikationsfluss bei den Stakeholdern, die sowohl positiv als auch negativ auf ein Projekt einwirken können. Eine gute Gewohnheit kann es sein, sich dann und wann zu einem Kaffee oder Mittagessen zu treffen und kurz die wichtigsten Punkte anzusprechen. Darüber hinaus fließen so auch ungeplant Informationen, die hilfreich sein können, um Zusammenhänge zu sehen. Der zeitliche Aufwand hält sich in Grenzen, da die Mittagspause für beide gut genutzte Zeit darstellen kann und ein Kaffeetreff schneller organisiert werden kann als ein offizielles Meeting.

Involvieren statt informieren

Eine andere Form kann sein, die Stakeholder zu motivieren sich aktiv einzubringen. Involvieren statt informieren. Gezielt Themen ausarbeiten lassen, Vorschläge machen, ausprobieren lassen oder zu Roadshows mitnehmen. Die Möglichkeiten sind vielzählig und der Kreativität keine Grenzen gesetzt. Wichtig ist, dass durch diese Maßnahme die Person ein Zugehörigkeitsgefühl zu dem Projekt bekommt und sich damit verbindet. Dadurch werden Entscheidungen und Aktionen anders wahrgenommen, als wenn das Projekt etwas Unpersönliches bleibt.

Es gilt aber natürlich den Zeitumfang hierfür im Blick zu behalten. Denn die Stakeholder haben ja nicht beliebig Zeit.

Tipp

Auch wenn sich das Wort abgedroschen anhört: Es ist unerlässlich „Erwartungsmanagement" zu betrieben. Nichts schlimmer als unausgesprochene Erwartungen, die dann nicht erfüllt werden. Und das gilt auf beiden Seiten. Nicht nur, wenn ich die Erwartungen des anderen nicht erfülle, sondern auch, wenn ich etwas implizit erwarte, aber nicht ausspreche. Hier gilt: Wenn ich nicht bekomme, was ich will habe ich evtl. nicht gesagt, was ich will. Das ist gar nicht so einfach, wie es sich anhört, zu sagen, was man möchte und dann auch noch sicher zu stellen, dass der Gegenüber das gleiche verstanden hat. Hier hilft nur aus Erfahrungen zu lernen. Was leider auch zum Leben gehört ist der Effekt, dass meistens dann, wenn ich weiß, wie ich mit einer bestimmten Person kommunizieren muss, um zu erreichen, dass sie mich versteht, diese Person in den Urlaub geht und ich mit dem Stellvertreter von vorne anfange.

4.2.5.4 Fallstricke

Informationsflut

Wichtig ist, das richtige Maß im Umgang mit Informationen und Stakeholdern zu finden. Im heutigen Zeitalter der Informationsflut gehen Mails schnell verloren oder Informationen unter. Nicht alles ist immer für jeden interessant. Wenn die Informationen nicht zielgruppengerecht aufbereitet oder selektiert werden, kann es sein, dass diese gar nicht mehr zur Kenntnis genommen werden. Das Ganze hat aber auch noch eine andere Seite. Wenn man kein richtiges Maß für die Kommunikation hat, dann kann es schnell passieren, dass zu viel Zeit darin aufgewendet wird, Stakeholdermanagement zu betreiben und dafür andere wichtige Themen auf der Strecke bleiben.

Komplexitätsfalle

Maria Pruckner hat den Effekt der Reizüberflutung in einem Buch „Die Komplexitätsfalle" beschrieben (Pruckner 2005). Ihre Theorie beruht auf dem wohl bekannten Sprichwort „Den Wald vor lauter Bäumen nicht mehr sehen." Sie sagt, dass ein Zuviel an Informationen dazu führen kann, dass unser Gehirn überfordert ist alles zu verarbeiten und dadurch Verhaltensweisen und Handlungen hervorruft, die für Außenstehende nicht nachvollziehbar sind. Aus dieser Situation der Informationsüberflutung wieder heraus zu kommen ist nicht so einfach, zumal die Umwelt durch ständiges Erklären zwar versucht die Situation zu verbessern, durch das mehr an Informationen aber eher zum gegenteiligen Effekt beiträgt.

Everyone's Buddy

Der Versuch „everyone's Buddy" zu sein wird nicht gelingen und ist auch nicht das Ziel, das ein Projektleiter haben sollte. Schon allein aufgrund der unterschiedlichen Interessen der Stakeholder ist dies nicht möglich. Man kann nicht jedem gefallen.

Netzwerk auf Projekt beschränken

Oft denkt man, es reicht ein Netzwerk auf sein Projekt zu beschränken bzw. auf die darin involvierten Stakeholder. Aber stattdessen zeigt sich häufig wie wichtig es ist, auch über die Projektgrenze hinweg sein Netz zu spinnen. Solche Netze sind wichtig um mitzubekommen, was um einen herum geschieht und was evtl. Einfluss auf das Projekt haben kann. Aber auch um von anderen zu lernen und deren Erfahrung auf das eigene Projektvorgehen adaptieren zu können. Es gilt also alle Interaktionspartner und Ansprechpartner zu ermitteln, auch die nicht so offensichtlichen und zu schauen, welchen Nutzen oder Schaden sie für das Projekt bringen können.

Anstrengende Stakeholder ignorieren

Manche Stakeholdergruppen sind einfach nur anstrengend oder mühsam. Man tendiert dazu, solche Störungen einfach auszuschalten oder zu übergehen. Solche Personen werden nicht zu Besprechungen eingeladen, wenn es nicht unbedingt sein muss, und Kaffeepausen, informeller Austausch oder andere Berührungspunkte, die das notwendige Übel übersteigen, werden verhindert. Dies kann schnell zu fatalen Folgen führen. Denn auch sie sind Stakeholder und haben einen gewissen Einfluss und man bekommt so nicht mit, wenn sie anfangen diesen auszuspielen. Stattdessen sollten genau solche Personengruppen bereits frühzeitig involviert werden. Dadurch wird dem Vorhaben eine zusätzliche Fehlertoleranz verliehen. Das bedeutet, die Wahrscheinlichkeit, dass ein Stakeholder sich gegen mich wendet oder das Projekt bei Problemen fallen lässt / im Stich lässt, wird geringer. Es ist nicht Null, wird es auch nie sein, aber ich kann dieses Risiko so etwas eingrenzen.

Not invented here

Gerne werden auch Stakeholder unterschätzt, die kein eigenes Kästchen im Organigramm haben. Die Wichtigkeit der Stakeholder wird also an der Hierarchie festgemacht. Oftmals wird aber auch gerade der Rat von Experten geschätzt, die sich nicht unbedingt in einer Führungsposition befinden. Diese zu vernachlässigen, kann nach hinten losgehen. Die Entscheidung kommt zwar von Oben, aber auf Empfehlung von unten. Das „Not invented here" Syndrom kann hier greifen, das unangenehme Nebeneffekte hat. Beispielsweise, dass Ideen von außen grundsätzlich abgelehnt werden, nur die eigenen erscheinen als nützlich (Ariely 2012).

Beispiel

Bei mir gab es ein Projekt, in dem ich selbst den Fehler begangen habe, Stakeholder nicht ausreichend einzubinden. Es ist nur zu menschlich. Personen, die einem nicht liegen, versucht man zu meiden. Schlimmer noch. Alles, was von der Person gesagt oder getan wird, wird gleich interpretiert. Meist natürlich nicht unbedingt zum Positiven. Ich musste mich hier und da ertappen, wie ich persönliche Gespräche vermieden oder auf ein Minimum beschränkt habe. Zum einen, weil ich die Person anstrengend fand, mir die offensichtliche „Hidden Agenda" nicht passte und dann auch noch die so genannte Chemie nicht stimmte. Also ein rundum Paket. Das hatte zur Folge, dass ich zwar keinen großen Kontakt mehr mit der Person hatte, was ich als angenehm empfand. Aber dafür gingen zum Teil einfach auch wichtige Informationen verloren. Zum einen, weil ja wirklich nur über das Wichtigste geredet wurde, zum anderen, weil man andere Kollegen oder Stakeholder auch so gesprochen hat und beiläufig Informationen bekommen hat, sich besser kennen und einschätzen gelernt hat. Dadurch entstanden Missverständnisse, sowohl was Liefertermine als auch Abhängigkeiten anging. Das führte zu weiterem Unmut, emotionalen Gesprächen und das ganze wurde eine Spirale, die sogar von außen ersichtlich war für Menschen mit ein bisschen Menschenkenntnis.

Da wieder heraus zu kommen ist gar nicht so einfach. Ohne fremde Hilfe hätten wir es beide nicht geschafft. Aber mit Hilfe einer neutralen Person, die von uns beiden geschätzt wurde, hat das Zusammenfinden dann doch geklappt.

4.2.5.5 Was sagt Klemens dazu

Klemens weiß ebenfalls um die Wichtigkeit vom Stakeholdermanagement und beginnt mit seiner Liste und der dazu gehörigen Kommunikationsmatrix. Auch er bietet Informationsveranstaltungen, Infohotline, Onlineportale und Statusbriefe an. Nur eines unterscheidet ihn von Guido – seine hohe Spesenrechnung. Denn wenn er eines aus der früheren Erfahrung gelernt hat, so ist es, dass in der heutigen Zeit der Informationsflut oft nur schwer zwischen wichtigen bzw. relevanten und nebensächlichen Informationen unterschieden werden kann. Manchmal gehen Schreiben oder Termine auch einfach unter. Aus diesem Grund hat es sich Klemens zur Gewohnheit gemacht während der ganzen Projektlaufzeit darauf zu achten, dass er auch hin und wieder eine Rückmeldung von seinen Stakeholdern bekommt und die Kommunikation nicht nur einseitig bleibt. Um hier keine zeitintensiven Treffen zu organisieren, kombiniert er gerne Angenehmes mit Nützlichem. So schliesst er sich einer Wandergruppe des Wandervereines an, besucht Stände des Naturschutzbundes auf Messen, geht mit den Förstern essen und trifft sich zu einem Bier mit Vertretern der Behörde oder den Medien. So erzielt er einen ungezwungenen Austausch und schafft Atmosphäre auch über das Projekt hinaus. So kommt es, dass er eines Tages von einem Kollegen des Wandervereins von dem Bienenstock erfährt. Interessiert verfolgt er den Bericht. Dabei fällt ihm sein letztes Essen mit dem Förster ein. Hatte der nicht etwas erzählt von einem Gebiet mit einem verlassenen Bienenstock und dass er froh wäre, man könnte diesen wieder besiedeln? Klemens erzählt dem Kollegen von dem Gespräch und bietet an, hier den Kontakt herzustellen und einzuladen. Er ruft auch noch kurz den Vorsitzenden des Naturverbandes an und fragt, ob er nicht auch dabei sein will, wenn angeschaut wird, ob der Bienenstock umgesiedelt werden kann oder was es sonst noch für Lösungen gibt. Der Termin wird vereinbart. Parallel dazu beschließt Klemens, das Thema in seinen nächsten Bericht als offenen Punkt aufzunehmen und seinen Auftraggeber schon mal vorab darüber zu informieren.

4.2.5.6 Fazit

An dieser Stelle soll nochmal kurz zusammengefasst werden, welche Merkmale Komplexität im Bereich der Stakeholder hat, wie man am besten mit ihr umgeht und was man besser vermeiden sollte.

Merkmale:

- viele verschiedene Personenkreise involviert
- unterschiedliche Interessen, meist emotional
- intransparentes Einfluss- und Beziehungsnetz

Do:

- Aufzeigen von Konfliktpotential
- Hintergründe und persönliche Situation, Erwartungen ermitteln
- Veränderungen wahrnehmen
- aktiver Kommunikationsfluss
- Stakeholder involvieren statt informieren

Don't:

- Informationsflut generieren
- Everyone's Buddy
- Netzwerk auf Projekt beschränken
- Kontakt mit unangenehmen Stakeholder meiden
- Wichtigkeit der Stakeholder an Hierarchie festmachen

4.2.6   Technologie

Windkraftanlagen können zwar noch nach 20 Jahren betrieben werden, müssen dann aber einer wiederkehrenden Prüfungen zur Standsicherheit genügen. Aus wirtschaftlicher Sicht muss man sich damit beschäftigen, ob und wann ein Repowering (ersetzen der Altanlage durch eine neue) Sinn macht. Dem Auftraggeber fiel ein Artikel in die Hände, in dem von sogenannten Flugwindkrafträdern die Rede war (http://www.flugwindkraftwerk.com/). Diese werden scheinbar aus wesentlich leichterem Material gebaut als herkömmliche Windkrafträder, brauchen demnach auch weniger Masse und können gleichzeitig mehr Energie erzeugen. Damit wären auch die Wartungskosten und die Kosten für eine Erneuerung nicht so hoch. Voller Begeisterung geht der Auftraggeber mit diesem Artikel zu seinem Projektleiter und bittet ihn, zu prüfen, ob man nicht auf diese neue Technologie setzen könne.

4.2.6.1 Guidos Welt

Guido macht sich ans Werk und sucht im Internet nach Anbietern und Referenzen für die neue Technik der Flugwindkraftwerke. Er wird schnell fündig und tritt mit einer darauf spezialisierten Firma in Kontakt. Sie haben bisher zwar nur Kraftwerke in off-shore Parks erprobt, aber dort haben sie sehr gute Erfahrung mit dieser Technologie gemacht. Auch die Einspeisevergütung sei, laut dem Artikel, geregelt und gleichgestellt. Guido fordert die Unterlagen an und kalkuliert alles durch. Es gibt so viele verschiedene Modelle und technische Ausbaustufen. Er ist begeistert. Nach einigen Gesprächen entscheiden sich Guido und der Hersteller für ein Flugwindrad, das ballonartig mit leichten Gasen gefüllt und damit ohne dynamischen Auftrieb schwebend ist. Es dreht sich mit Hilfe von an der Längsseite angebrachten gewölbten Lamellen um die Längsachse und treibt so einen

Generator an. Einfach genial denkt sich Guido. Kurze Zeit später ist der Vertrag unterschrieben und vier neue Flugwindräder sind bestellt. Liefertermin in drei Monaten. Doch kurz vor Liefertermin kommt ein Schreiben von den Behörden. Sie hätten gehört, dass nun doch kein Windkraftwerk gebaut werde, sondern etwas anderes. Hierfür sei keine Genehmigung erteilt worden. Für Flugwindräder gelten speziell ergänzende Bestimmungen. Grundsätzlich sei es kein Problem ein solches zu bauen, es müsse einfach weit genug weg von sogenannten belebten Gebiet sein, so dass keine Gefahr für Mensch und Leben bestehe. Dabei sei die bisher kalkulierte Sicherheitszone nicht ausreichend. Guido wird blass. Mittags kommen die Ingenieure vorbei, um sich das Gelände anzuschauen. Er erzählt ihnen von den zwei Schreiben. Sie schauen sich das Gelände an und zeigen auf, dass, wenn die Verankerung im Boden verschoben werden könne, der Sicherheitsabstand eingehalten werden kann. Das wiederum lässt Guido etwas aufatmen. Die Pläne werden angepasst, intern abgestimmt und zurück an die Behörden geschickt. Die Planänderung wird akzeptiert. Was Guido allerdings nicht bedacht hatte war, dass das Flugrad einen viel größeren Schatten wirft als das zuvor geplante Kraftwerk. Auch durch die Verschiebung und den Bewegungsradius kommen nun ganz neue Einflussfaktoren auf die Natur zurück. Von dem Risiko und den Auswirkungen eines Absturzes ganz zu schweigen. Durch Zufall bekommt Guido nun auch einen Zeitungsartikel vor Augen, in dem dargestellt wird, dass das Material der Flugräder gar nicht den Witterungsbedingungen in dieser Klimazone entspricht. Oh wei! Aus einer Idee, die so gut klang und so einfach aussah, wurde nun ein riesengroßer Haufen offener Fragen und Probleme. Und das Ganze nur, weil, … ja warum eigentlich?

4.2.6.2 Merkmale

Rückkopplung
Der Reiz des Neuen. Neue Technologien, neue Methoden und Prozesse versprechen oftmals die existierenden Probleme zu lösen. Die Erwartungshaltung der Stakeholder ist entsprechend groß, auch wenn dies nicht explizit ausgesprochen wird. Mit der neuen Technologie wird alles besser. Oft wird unterschätzt, dass die technische Anpassung an der einen Stelle Auswirkungen auf eine bisher nicht berücksichtigte andere Stelle hat (Rückkopplung).

Nicht linear
Auch der zeitliche Einfluss auf die Wahl der Technologie sollte nicht unterschätzt werden. Fragen, die sich hier aufdrängen sind: Ist in absehbarer Zeit ein neues Release geplant? Wie stabil ist das aktuell gewählte Herstellungsverfahren? Kommen in der nächsten Zeit neue Trends auf den Markt, die eventuell besser geeignet sind? Innovation ist ein Kampfwort. Doch nicht jede neue Technologie zeugt von Innovation und nicht jede Innovation geht automatisch mit einer neuen Technologie einher. Hier gehen die Meinungen jedoch auseinander, am Deutlichsten wird das, wenn wir die Kollegen vom Marketing fragen und einen Ingenieur. Compliance und Maintenance bilden hier einen weiteren Gegenpart. Entspricht die Technologie den Standards und Normen, die

vorgegeben sind? Wie sieht es mit Sicherheit und Compliance aus? Diese Themen kommen unweigerlich auf den Tisch und müssen behandelt werden, sobald eine neue Technologie zur Sprache kommt.

Geschichte

Altsysteme sind oftmals gewachsen und haben sich von einfachen, über komplizierte, hin zu komplexen Systemen entwickelt. Zusammenhänge sind nicht sofort ersichtlich und technische Lücken wurden mit Work-Arounds verpackt, deren Ursprung oft nicht mehr bekannt ist. Solche Systeme lassen sich meist nicht ohne weiteres anpassen oder integrieren. Hier muss die Geschichte bekannt sein, die das System so hat reifen lassen, um im Ansatz begreifen zu können, wie einzelne Teile zusammenhängen.

Akkumulation

Je größer die Anzahl an Komponenten und Schnittstellen wird, umso komplexer gestaltet sich das System. Konvertierungen, Transformationen und Regelwerke spielen hier zusammen. Ebenso stellt die Variantenvielfalt eine beliebte Stolperquelle dar. Es gibt also verschiedene Arten der Akkumulation an dieser Stelle.

Leistungsfähigkeit

Ein System oder ein Produkt, welches für viele Kundengruppen erstellt wird bringt spezielle Herausforderungen mit sich. Hier gilt der Balanceakt zwischen Personalisierung und Individualisierung. In wie weit kann etwas einfach konfiguriert werden und wann muss wirklich eine weitere Variante eines Bausteins implementiert und betrieben werden. Je flexibler ein System gestaltet wird, umso fehleranfälliger wird es. Mit jeder neu geschaffenen Möglichkeit der Anpassbarkeit steigt der Test- und Wartungsaufwand und die Qualität der Komponente geht zu Lasten des Implementierungsaufwands. Wir kommen wieder an die Grenzen der Leistungsfähigkeit.

Verzögerung

Eine technische Neuerung, die auf den ersten Blick lohnenswert aussieht, kann sich zu einem späteren Zeitpunkt, zeitverzögert, als Hindernis herausstellen. Beispielsweise bei IT-Projekten, wenn das verwendete Kommunikationsprotokoll plötzlich ein anderes ist und in gewissen Konstellationen dazu führt, dass Teile der Nachricht verloren gehen. Oder in Bauprojekten, wenn die Materialbeschaffenheit in besonderen Wetterkonstellationen zu ungewollten Reaktionen führt.

4.2.6.3 Umgang

Erwartungsmanagement

Es gibt ein paar Hilfsregeln, wie mit technologischer Komplexität umgegangen werden kann. An erster Stelle steht, wie bei so vielen, das Erwartungsmanagement. Es gilt herauszufinden, was die nicht ausgesprochenen Wünsche und Erwartungen der Stakeholder in Bezug auf die gewählte Technologie sind. Erst wenn diese definiert sind, können

Abb. 4.6 Das Schweinderl (Carroll 1865)

Missverständnisse ausgeräumt werden, Erwartungen korrigiert oder evtl. neue Entscheidungen getroffen werden in Bezug auf Technologiewahl oder Anforderungen, um die Bedürfnisse zu befriedigen.

Transparenz
Wichtig ist hier wohl auch die Frage nach der Notwendigkeit. „Wie soll ich hineinkommen?" fragte Alice wieder, diesmal lauter. „Sollst du überhaupt hineinkommen?" sagte der Lakai. „Das ist nämlich die entscheidende Frage." (Abb. 4.6) Genau diese Frage müssen wir uns hier auch stellen. Brauchen wir die neue Technologie überhaupt? Oder können die Bedürfnisse nicht über anderslautende Anforderungen erfüllt werden? Wichtig ist hier Transparenz über die Möglichkeiten aber auch die Grenzen der Technologie zu schaffen. Eine Wertanalyse kann hilfreich sein, um diese Transparenz zu erzeugen und Klarheit bezüglich Auswirkungen und Abhängigkeiten zu schaffen.

Design Freeze
Zudem gibt es drei weitere Aspekte, die es aus meiner Erfahrung erleichtern, im Dschungel der technologischen Komplexität klar zu kommen. Punkt Nummer eins ist die Definition eines „Design Freeze". Ab einem gewissen Punkt muss das Design, sei es der Software, des Produktes oder des Prozesses in groben Zügen stehen. Der Zeitpunkt des Freeze muss

gemeinsam definiert und festgelegt werden. Bis zu diesem Zeitpunkt kann definiert werden, was umgesetzt wird und wie. Danach steht dieses Set an Anforderungen und wird nicht mehr über den Haufen geworfen. Nur so kann verhindert werden, dass ständige Anpassungen und Optimierungen am System Unruhe und Fehler verursachen. Diese Idee hört sich auf den ersten Blick hinterweltlich an und erinnert an Wasserfall und schwerfällige Vorgehen. Vielleicht bringt es auch den einen oder anderen dazu sich zu überlegen, ob er überhaupt noch weiter lesen soll. Bei genauerer Betrachtung jedoch ist dieses Vorgehen des Design Freeze auch die Idee hinter einem Sprint im agilen Umfeld. Es wird ein Set an Anforderungen definiert, die umgesetzt werden und an diesen wird dann nicht mehr gerüttelt. Es hat ja keiner gesagt, wie viele solcher „Design Freezes" es in einem Projekt gibt. Das ist jedem selbst überlassen. Aber nichts desto trotz wird es helfen, etwas Stabilität und Ruhe in den Umgang mit Anforderungen, besonders auch den technischen Anforderungen, zu bringen.

Reduktion Halbzeug

Des Weiteren kann es helfen klar zu formulieren, dass die Basisanforderungen, die als erste rein kamen auch als erste umgesetzt werden und Neuerungen erst später betrachtet werden. Eng damit verknüpft ist die zweite Regel, die Vielzahl an „Halbzeug" zu reduzieren. Es bringt keinen Vorteil, alles anzufangen und dann unvollendet liegen zu lassen. Am Ende gibt es von allem ein bisschen aber nichts funktioniert. Fehler werden dann erst recht spät aufgedeckt, sowohl konzeptionell als auch technisch. Hier sollte stattdessen damit gearbeitet werden, nicht zu viele Dinge gleichzeitig zu behandeln, sondern sich ein selbst definiertes Maximum nicht zu überschreiten (Kniberg und Skarin 2010).

Standardisieren

Ein letzter Punkt, dem wir Aufmerksamkeit schenken sollten, ist die Anzahl an Schnittstellen und Komponenten, die wir zu bedienen haben. Hier muss darauf geachtet werden, dass diese auf ein Minimum reduziert werden und soweit möglich homogenisiert werden. Das bedeutet eine zentrale Stelle, über welche die Schnittstellen laufen, gegebenenfalls transformiert und angesprochen werden. An der Stelle soll keine philosophische Diskussion angefangen werden, sondern lediglich Optionen aufgezeigt werden, wie mit Komplexität erfolgreich umgegangen werden kann.

Order Penetration Point rauszögern

Ein verteiltes Verarbeiten macht das System intransparent und später schwer zu warten. Hier kann es helfen zu standardisieren und möglichst lange auf einer „Produktionslinie" zu bleiben, bevor Systeme individualisiert und spezialisiert werden. Man nennt das auch den Order Penetration Point (OPP; Übergang von der kundenneutralen zur kundenspezifischen Produktion). Dieser sollte so spät wie möglich im Wertschöpfungsprozess sein. Damit wird produkt- wie prozessseitig ein Höchstmaß an Standardisierung erreicht (These vier von sieben Thesen zum Komplexitätsmanagement nach Schuh 2005).

Tipp

Auch wenn es verlockend ist und es viele scheinbar gute Gründe dafür gibt: technische Probleme oder Aufgaben sollten nie pauschal wegen fachlichen Anforderungen auf die lange Bank geschoben werden. Irgendwann kommt der Moment, an dem fachliche Anforderungen aufgrund technischer Restriktionen nicht mehr umgesetzt werden können und dann holen den Projektverantwortlichen technologische Altlasten schnell ein. Beispiele sind hier typische Releasewechsel von Datenbanken oder Frameworks. „Eigentlich sollte man umsteigen, die aktuelle Version läuft bald aus dem Support aus. Aber wir haben grade keine Zeit. Nach dem Release vielleicht…". Irgendwann ist dann der Tag da, und die Version wird nicht mehr supportet. Oder schlimmer noch: Man muss eine Fremdkomponente updaten und diese brauch eine Libary aus dem neuen Framework und das funktioniert mit der veralteten Version der Datenbank nicht mehr. Und so führt dann eines zum anderen. Anstatt in einem Release immer ein Teil für technische Anpassungen eingeplant wurde, muss nun ein komplettes Release der Technik gewidmet werden. Das wiederum führt zu dem nächsten Problem, dass nicht alle Entwickler für solche Umstellungen geeignet sind, und dass auch die Finanzierung so wesentlich schwieriger ist, als wenn in einem Release einzelne technische Tasks enthalten sind. Aus dem Grund gilt es immer darauf zu achten, dass die Technologie nicht veraltet und in jedem Release ihren Platz bekommt.

4.2.6.4 Fallstricke

Technologie steht vor Wertschöpfung
Trendsetter jagen allem, was nach Innovation aussieht hinterher. Die Technologie steht oftmals über der Wertschöpfung. Das ist eine Haltung, die sehr schnell Probleme mit sich bringt. Denn die anderen sind nicht wir und ihr Umfeld ist nicht unseres. Es kann aber sehr wohl gute Gründe geben, unausgereifte Technologie einzusetzen. Man muss Chancen und Risiken bewusst abwägen.

Einzelbetrachtung vor Gesamtbetrachtung
In dem Zusammenhang wird oftmals die Auswirkung der Technologie falsch eingeschätzt. Was als Einzelkomponente vielleicht optimal erscheint, muss im Verbund nicht unbedingt von Vorteil sein. Hier muss zur Einzelbetrachtung die Gesamtbetrachtung hinzukommen.

Zuviel des Guten
Viel Gutes bewirkt noch Besseres – so oder so ähnlich lautet ein Irrglaube. Ein Gläschen Wein am Tag ist gesund, aber eine Flasche Wein am Tag macht einen deswegen nicht gesünder. Zu viel auf einmal ändern und verbessern zu wollen, kann ebenfalls kontraproduktiv wirken. Die Anzahl der Fehlerquellen steigt und schafft zusätzliche Komplexität. Lieber eines nach dem anderen angehen. So wenig wie möglich, so viel wie nötig auf einmal anpassen, lautet die Devise. Dabei aber immer im Auge behalten, warum man die Technologie einführt. Technologie um der Technik willen oder um das Ziel zu erreichen?

Beispiel

Ein Beispiel für Komplexität in einem Softwareprojekt ist das fehlende Konfigurationsmanagement. Als zu Beginn des Projektes der Wunsch nach mehreren Testumgebungen laut wurde, hielt man es für überbewertet und meinte, es reicht eine Umgebung für den Kunden zum Testen zur Verfügung zu haben. Das war auch kein Problem. Jeder wusste welcher Stand hier aufgespielt war, sowohl an Daten als auch an Software. Doch dann mussten Fixes eingespielt werden, die vorher durch das Team getestet werden mussten, nach Möglichkeit ähnlich zu der Umgebung, wie sie der Kunde hat. Bald wurde also der Schrei nach einer zweiten Umgebung für Vorabtests so laut, dass diese schließlich aufgebaut wurde. Während auf der einen Umgebung der Kunde seine Testdaten hatte, waren auf der anderen Produktivdaten, manchmal auch manipuliert, um Fehler explizit nachzustellen. Es traten Fehler in Produktion auf, die auf den Testsystemen nicht nachgestellt werden konnten. Es wurden Datenbank Abzüge aus Produktion gemacht und in eine Testumgebung eingespielt. Um sich nun mit der Weiterentwicklung nicht in die Quere zu kommen, wurde noch ein System bereitgestellt. Nun gab es drei Systeme, die jeweils einen anderen Datenbestand und meist auch einen anderen Softwarestand hatten. Da der Kunde auch zwischen den Systemen springen musste, um Konstellationen abnehmen zu können, war das Chaos bald perfekt. Umgebungen wurden verwechselt, falsche Annahmen über den Datenbestand getroffen und erst zu spät gemerkt, dass die getestete Version der Software eigentlich die falsche war. Das Thema Konfigurationsmanagement war für alle offensichtlich, dass es gebraucht werden würde, aber keiner hatte Zeit, die Liste zu pflegen, weil jeder damit beschäftigt war, Fehler zu korrigieren, die aufgrund falscher Konstellationen bei Daten und / oder Anwendung aufgetreten sind. Das Team war wie in einem Hamsterrad gefangen.

4.2.6.5 Was sagt Klemens dazu

Klemens schaut sich die Anforderung des Auftraggebers an. Das hört sich schon sehr spannend an, was sich technologisch alles getan hat und wie viele Varianten es heute auf dem Markt gibt. Doch so ganz hat er noch nicht verstanden, welches die Beweggründe für den Richtungswechsel sind. Er beschließt also mal mit dem Auftraggeber Kaffee trinken zu gehen und herauszufinden, was eigentlich die wahren Beweggründe sind. Bisher hat der Auftraggeber keinen technisch versierten Eindruck gemacht, also muss ihn etwas anderes zu diesem Auftrag motiviert haben. Klemens ist rhetorisch sehr gut bewandert und schafft es tatsächlich die für ihn wichtige Information zu bekommen. Wie er sich gedacht hat, geht es in erster Linie gar nicht um den Einsatz der neuen Technologie. Viel mehr reizt es den Auftraggeber, etwas Neuartiges zu schaffen, als Vorreiter zu gelten und damit Werbung für seine Gemeinde zu machen. Als oberster Gemeinderat einer Stadt mit dem Energieprädikat ist es natürlich wünschenswert hier auch etwas Besonderes vorweisen zu können. Ob es nun genau das sein muss sei dahin gestellt, aber irgendetwas

Innovatives. Klemens ist zufrieden mit der Erkenntnis. So etwas hatte er sich schon gedacht. Er führt ein paar Telefonate und hört von einer Firma, die aus Recycling-Silizium qualitativ gleichwertige Wafer herstellen, die nur 30 % der Energie brauchen im Vergleich zu einem gewöhnlichen Wafer (Müller et al. 2005). Das hört sich doch gut an. Nur nicht zu viel auf einmal ändern und alles ins Chaos stürzen, denkt sich Klemens. Er lässt sich Informationsmaterial zukommen und ein Angebot erstellen. Die Kosten liegen im Rahmen des Vertretbaren. Auch das Risiko, das durch den Austausch der Komponente im Zusammenspiel mit den anderen Bauteilen eingegangen wird, ist kalkulierbar und überschaubar. Also packt er das Ergebnis zusammen und präsentiert es seinem Auftraggeber. Dieser ist etwas überrascht über die neue Wende und den Vorschlag, der so gar nichts mit seinem Auftrag zu tun hat. Aber er lässt sich überzeugen, unter einer Bedingung: Er möchte bei der Firma namentlich auf der Homepage als Referenzstadt genannt werden.

4.2.6.6 Fazit

An dieser Stelle soll nochmal kurz zusammengefasst werden, welche Merkmale Komplexität im Bereich von Technologie hat, wie man am besten mit ihr umgeht und was man besser vermeiden sollte.

Merkmale:
- neue Technologie = Innovation
- viele Schnittstellen und Systeme
- historisch gewachsen
- Erwartung neue Technologie löst alte Probleme
- hohes Maß an Individualisierung und Flexibilität gefordert

Do:
- Standardisieren
- Erwartungen an Technologie managen
- Chancen und Risiken transparent machen
- Sprints definieren
- Reduktion von Halbzeugs

Don't:
- Trendsetter
- zu viel Neues auf einmal
- alles Anfangen / Halbzeugs
- Technik steht über Wertschöpfung

4.2.7   Wissen

Spätestens als die Anforderungen sich änderten, wurde für alle sichtbar, dass doch sehr viele Wissenslücken vorhanden sind. Sei es im Bereich Prozesse, Ökologie, Regularien, Luftmessung, Standort oder einfach nur technische Zusammenhänge. Der Wind weht nicht immer in der richtigen Stärke – und die Anlagen funktionieren weder mit zu wenig noch mit zu viel Wind. Das Verschieben des Standpunktes um einige Meter hat Auswirkungen auf das Ökosystem, die nicht von vornherein ersichtlich sind und auch das simple Tauschen des Wafers gegen ein anderes Modell zieht Folgen mit sich. Dem Team wird immer mehr bewusst, wie wenig sie eigentlich zu Beginn des Projektes wussten.

4.2.7.1 Guidos Welt

Nach der letzten Odyssee hat sich Guido Zeit genommen, um die aktuelle Lage zu reflektieren. Dabei kommt er zu dem Schluss, dass er und sein Team die ganze Sache vielleicht etwas naiv angegangen sind und über zu wenig Wissen verfügten. Aber noch ist es ja nicht zu spät. „Wir sind erst in der Mitte des Projektes und können noch viel lernen". Noch so eine Panne darf jedenfalls nicht passieren. Guido erinnert sich nun wieder an einen Newsletter, den er bekommen hat. War da nicht ganz in der Nähe eine Konferenz mit dem Schwerpunkt Windenergie, speziell für Ingenieure? Es sucht in seinen Mails und findet die Einladung. Das wäre es. Er geht mit seinem Team dort hin. So erhält jeder dieselben Informationen und alle haben nachher den gleichen Stand. Vielleicht ergeben sich noch irgendwelche Netzwerke. Ach und der Hauptsponsor bietet auch diverse Seminare und Schulungen an. Das kommt aber dann doch recht teuer. Guido ist wieder mal am Rechnen. Wenn seine drei Mitarbeiter und er für fünf Tage auf Schulung gehen, dann kostet das einen Personenmonat. Im Gegenzug dafür verringert sich das Projektrisiko, da das Wissen steigt. Und da das Wissen auch für Folgeprojekte eingesetzt werden kann, dient die Schulung quasi auch noch als Investition. Ja, so könnte das klappen. Nach einiger Überzeugungsarbeit hat er das Budget vom Auftraggeber für die Fortbildung und die Konferenz rausgeschlagen, beziehungsweise vom Projektbudget abknapsen können. Nun sind alle zurück, hochmotiviert von all den Impulsen, die sie gehört haben, von den Vorträgen und Gesprächen mit anderen Teilnehmern der Konferenz und der Schulung. Nun sind sie am Arbeitsplatz und schauen sich die Unterlagen an. Ein paar Themen konnten sie in den Tagen ansprechen und klären. Diese werden jetzt direkt umgesetzt. Aber schon kommen die nächsten Fragen und die Hilflosigkeit. Wieder muss sich jeder durchwursteln, auch wenn es nun allen deutlich leichter fällt, da doch schon mal mehr Basiswissen vorhanden ist als zuvor.

4.2.7.2 Merkmale

Verzögerung
Das Wissen kann an mehreren Orten verteilt sein. Dabei ist nicht unbedingt jede Wissensquelle für jeden zugänglich. Manchmal sind Berechtigungen eine Frage,

manchmal werden Daten aber auch archiviert und sind nur schwer zugänglich. Ein wichtiger Aspekt in dem Zusammenhang ist zudem die Frage nach dem Schutz des Wissens. Auch beim Speichern auf Datenträgern, bei der Frage nach Patenten und Intellectual Property. Darf der Mitarbeiter denn an die Informationen ran? Manchmal sind alte Projektberichte verschlossen, um Informationen bewusst nicht allen zugänglich zu machen. Die Informationen wurden zwar abgelegt und sind vorhanden, später stellt sich jedoch heraus, dass dies nicht alltagstauglich ist. Häufig sind Informationen vorhanden, aber nicht auffindbar. Beliebt sind Datenfriedhöfe, die als Wissensdatenbank getarnt in Unternehmen liegen. Für mich ist das ein Zeichen der Verzögerung. Denn was ursprünglich gut gedacht war, stellt sich erst später als suboptimal heraus.

Leistungsfähigkeit
Oftmals stellt auch die Variabilität des Wissens im Zeitablauf eine Herausforderung dar. Denn nicht immer sind gut aufbereitete Whitepapers auch in einem Jahr noch inhaltlich aktuell. Allein wenn wir die Anzahl an Software Frameworks betrachten wird schnell ersichtlich, dass hier das Wissen nicht statisch verfügbar gemacht werden kann. Was uns wieder zu unserem Datenfriedhof bringt oder das Ganze zu einer Art Museum der Methoden werden lässt. Mehr Informationen bringen nicht immer mehr Wert, wenn diese nicht aktuell gehalten werden. Was wiederum umso schwerer wird, je mehr Informationen man hat (Leistungsfähigkeit).

Rückkopplung
Spannend ist auch das kontextsensitive Wissen, also beispielsweise alles, was mit Regularien zu tun hat und damit lokationsabhängig ist. Hier darf nicht der Fehler gemacht werden, sein Wissen als gegeben anzunehmen ohne es auf den Kontext anzupassen. Das führt oftmals dazu, dass Lösungen, die in anderen Projekten oder Firmen funktioniert haben, in diesem Umfeld nicht mehr funktionieren. Zudem darf nicht vernachlässigt werden, dass Projekte in ihrem Kontext immer subjektiv wahrgenommen werden und bewusst oder unbewusst Emotionen mit im Spiel sind. Es treffen also viele Überzeugungen und Interpretationen aufeinander, die dazu beitragen, dass die Wahrnehmung nie objektiv sein kann und somit zu einer gewissen Rückkopplung führen kann (Daenzer 2002).

Nicht linear
Kein komplexes System gleicht dem anderen. Irgendeine Variable unterscheidet sich immer, und seien es nur die Menschen, die damit umgehen oder es erstellt haben. Dadurch reagiert das System auch anders. Es entstehen neue Probleme, die es zu lösen gilt. Damit ist das Systemverhalten nicht linear darstellbar.

Akkumulation
Wissen ist Macht, etwas nicht zu wissen, macht aber auch nichts. Solange man sich dessen bewusst ist. Einer alleine kann nicht alles wissen. Irgendwann ist die Leistungsfähigkeit erreicht und auch das zeitliche Limit. Das Wissen muss auf verschiedene Personen verteilt

und Expertengruppen gebildet werden. Nur so kann ein Optimum an Wissen und auch Lernen erzielt werden. Gutes Wissen ist das Wissen, das sich aus der Summe der Menschen bildet, eine sogenannte Schwarmintelligenz (Akkumulation).

Geschichte

Heute reicht es nicht mehr sich auf ein Themengebiet zu spezialisieren. In komplexen Systemen spielen unterschiedliche Themen eine Rolle. Sei es fachlich durch die Anforderungen, durch Rahmenbedingungen im globalen Umfeld, technologisch aufgrund der Vielfalt an Lösungsmöglichkeiten oder vieles mehr. Diese Vielzahl an Wissensbereichen gilt es gezielt zu managen. Aber nicht nur neues Wissen, sondern auch das Wissen um die Vergangenheit und die Geschichte sind notwendig, um das Bild komplett zu bekommen.

4.2.7.3 Umgang

Praktiker und Experten

Erkenntnisse sollen mit anderen geteilt werden, so dass eine lernende Organisation entsteht. Bei der Bildung von Wissen, sei es durch Festhalten oder Abrufen von Informationen, müssen Menschen involviert sein – von Mitarbeitern für Mitarbeiter. Das Wissen muss von den Praktikern und Experten kommen, so dass es auch für den Alltag hilfreich ist. In einem Projekt lernt jeder einzelne für sich durch seine täglichen Aufgaben dazu.

Lernende Organisation

Aber auch das Team lernt im Austausch miteinander immer mehr durch die anderen. Gehen wir davon aus, dass das Team nicht nur aus externen Mitarbeitern besteht, so tragen die Mitarbeiter ihr Wissen in andere Projekte und sorgen somit ihrerseits wieder für eine Verbreitung des Wissens, so dass wir eine lernende Organisation bilden. Das ist der Idealfall (Senge 2011).

Zum Lernen befähigen

Das setzt allerdings voraus, dass genug Freiraum geschaffen wird, um zu lernen, zu experimentieren und Lösungen zu finden. Wenn die Menschen nicht dazu befähigt werden zu lernen, werden sie ihre Aufgaben nicht zufriedenstellend lösen können.

Mentoren einsetzen

Denkbar ist hier das Mentorenkonzept, gerade für Mitarbeiter, die frisch in ihrer Position oder dem Themengebiet sind. Sie bekommen über einen dedizierten Ansprechpartner die Hilfe, die sie benötigen, um schnell in das Themengebiet hineinzuwachsen. Es entsteht neues Wissen. Erfahrung ist der beste Lehrmeister, daher sollte darauf geachtet werden, dass ein entsprechender Erfahrungsunterschied vorherrscht. Ziel des Ganzen sollte immer sein so viel bewusstes und unbewusstes Wissen zu schaffen wie möglich, aber auch sich seines Nichtwissens bewusst zu werden.

Wissens-Intensität-Portfolio

Der Bereich des unbekannten Nichtwissens sollte möglichst klein sein. Hier kann nur die enge Zusammenarbeit im Team mit verschiedenen Experten wirken. Der Projektleiter muss sich der Wissensverteilung bewusst sein. Ob es gleich in Form eines Wissens-Intensitäts-Portfolio (Wissen je Projektschritt und Projektergebnis auflisten) sein muss, sei dahin gestellt. Auf jeden Fall braucht das Team ein einheitliches Verständnis zu der Wissenssituation und auch darüber, wie damit umgegangen werden soll. Alternativ kann auch nur aufgezeigt werden, in welchen Bereichen das Wissen fehlt und ein sogenanntes Knowledge Gap Board aufgebaut werden (Dirbach 2013).

Nicht-Wissen transparent machen

Theoretisches Wissen ohne praktische Erfahrung im Einsatz der Methoden kann auch zu falscher Sicherheit führen. Man nennt das auch gerne „unbekanntes Nicht-Wissen". „Ich weiß nicht, was ich nicht weiß". Alles, was Menschen nicht wissen spiegelt sich in Annahmen wider. Sei es in der Planung, in den Anforderungen oder anderem. Je mehr Annahmen im Projekt vorhanden sind, umso größer ist das Nichtwissen und umso gefährlicher und riskanter wird das Vorhaben.

Annahmen validieren

Wenn man jedoch etwas annimmt, dann gesteht man sich schon ein, dass man etwas nicht weiß. Das stellt einen großen Unterschied dar, denn mit dieser Gegebenheit muss aktiv umgegangen werden. Bewährt hat sich hier der agile Ansatz der schnellen Release Planung. Nicht dass die Releases schnell geplant werden, sondern dass sie frühzeitig und in kurzen Abständen stattfinden sollen. Was ist der Gedanke dahinter? Wenn Nichtwissen = Annahme ist, dann muss die Annahme validiert und überprüft werden. Je später das gemacht wird, umso schwerer wird es sein eine falsche Annahme nochmals zu korrigieren und alles anzupassen. Aus dem Grund sollte recht früh immer in kleinen Stückchen überprüft werden, ob die Annahmen stimmen. Dies geschieht am Besten in dem man Releases plant und Teilergebnisse möglichst früh abnehmen lässt. So kann geprüft werden, ob die Annahme richtig war und die weitere Planung entsprechend angepasst werden. Es wird Wissen erzeugt.

Prototypen

Build – measure – learn. So beobachtet man die Auswirkungen früherer Eingriffe, bevor neue Eingriffe in das System vorgenommen werden. Auf diese Art und Weise können Fern- und Nebenwirkungen in ihrer Handlung berücksichtigt werden. Das können auch Prototypen sein, oder wie bei uns im Beispielprojekt Simulationen oder kleine Modelle. Um damit umgehen zu können bedarf es oftmals mehr als einer Entscheidung und mehreren Maßnahmen, die sich gegenseitig unterstützen oder ungewollte Effekte aufheben, auch wenn die tatsächlichen Zusammenhänge und Auswirkungen oft erst im Nachhinein ersichtlich sind.

Retrospektiven

Hinterfragen, reflektieren und Zusammenhänge und deren Ursache herausfinden geschieht am besten im Team und mit Experten in sogenannten Retrospektiven. So wird eine Möglichkeit geschaffen Wissen aufzubauen (Andresen 2013). Dieses Wissen sollte dann wieder allen zur Verfügung gestellt werden. Was im ersten Schritt nach Zusatzaufwand und Kosten aussieht, kann sich im Verlaufe des Projektes schnell rechnen, wenn auf Kollektivwissen zurückgegriffen werden kann.

Tipp

Nur wenn ich weiß, wofür ich etwas mache, dann kann ich auch sicherstellen, dass man mit dem Ergebnis machen kann, wofür es gedacht ist. Das merke ich sehr deutlich, wenn es zum Beispiel darum geht Log Files zu schreiben. Klar macht jeder Entwickler das, und für die Fehlersuche in der Entwicklung und unter Umständen auch während dem Kundetest ist es kein Thema. Aber wer denkt schon daran, dass jemand auf die Idee kommen könnte, das Log File aus Produktion verwenden zu wollen, um eine automatisierte Auswertung darüber laufen zu lassen, um morgendliche Statistiken zu erstellen. Hier hilft es, wenn das Team weiß, wofür sie beispielsweise Log Files schreiben sollen. So können diese separiert und entsprechend strukturiert werden. Auch hilft es, wenn die Entwickler erfahren, warum diese benötigt werden und was der Hintergrund ist. Oftmals können hier sehr gute Ideen zusammengetragen werden und wenn der Schmerz bekannt ist, der für die Anforderung sorgt, kann vielleicht auch an der Ursache gearbeitet werden. Das gilt übrigens nicht nur für Log Files. Nur hier war es in einem Projekt sehr markant, da bei einer Migration das Log um des Log Willens geschrieben wurde und war nicht für Auswertungen brauchbar war.

4.2.7.4 Fallstricke

Wissen als Arbeitspaket

Spannender Ansatz der selten funktioniert ist, alle Mitarbeiter auf eine Schulung zu schicken, damit sie die neue Programmiersprache oder das neue Framework kennen und im Projekt einsetzen können. Viel theoretisches Wissen generieren reicht nicht, es muss auch praktisch untermauert sein. Lernen wird nicht als Prozess, sondern als begrenzte planbare Aktivität verstanden. Das geht selten gut. Und wenn dann nur in Kombination mit ebenso vielen erfahrenen Experten, die dann auch als Mentor dienen. Damit befinden wir uns wieder in einem zeitintensiven Prozess und nicht wie eine planbare Aktivität nach fünf Tagen abgeschlossen ist.

Dokumentenfriedhof

Auch lessons learned nach einem Projekt zusammen zu tragen, scheint eine sehr löbliche Idee zu sein, vorausgesetzt die Ergebnisse werden dann so verarbeitet, dass andere Projekte und Mitarbeiter davon profitieren können. Wenn dieses Wissen dokumentiert ist aber nicht auffindbar, so war auch das eine Fehlinvestition.

Abb. 4.7 Gleich und doch verschieden (Carroll 1865)

Kreative Methoden sind Spielerei

Zeit ist immer ein heikler Punkt und oft werden kreative Methoden als Spielerei abgetan
mit den Worten: „Lasst uns endlich mal was arbeiten!" Oft braucht es aber andere
Denkweisen, ein anderes Umfeld, in dem auch anders nach Lösungen gesucht werden
kann. Probleme kann man niemals mit derselben Denkweise lösen, durch die sie entstanden sind (Albert Einstein). Investierte Zeit in Gruppenbildung und Wissensaustausch ist
vielleicht nicht quantitativ messbar, aber aller Voraussicht nach in dem Projekt qualitativ
spürbar. Davon sollte man sich nicht irritieren lassen und das auch gegenüber dem
Management vertreten.

Das Offensichtliche sehen

Spannend ist die Frage nach dem offensichtlich Offensichtlichen. Ist etwas das Gleiche
nur, weil es gleich aussieht (Abb. 4.7)? Oder kann es sein, dass der Schein trügt und hier
vorschnelle Schlüsse gezogen werden. Ein typisches Beispiel ist die Frage, wie lukrativ
ein Börsencrashdetektor ist, der zu 100 % richtig voraussagt, wenn ein Börsen Crash bevor
steht und in dem Fall die Aktien automatisch verkaufen würde. Von einem Crash wird
gesprochen, wenn der Schlusskurs 5 % Punkt niedriger ist als am Vortag. Scheint lukrativ,
aber wenn man genauer hin schaut stellt man fest, dass bei der ganzen Aktion, verglichen
über die vergangenen 12 Jahre, nur die Bank gewinnen würde. Der erste Schein hat also

getrogen (Beck-Bornholdt und Dubben 2005). Nur keine Wissenslücke oder Fehlentscheidung zugeben dafür an getroffenen Entscheidungen festhalten. Ein immer wieder kritisches Reflektieren bisher getroffener Entscheidungen und Strategien und damit ein Anpassen des Wissens werden oftmals vermieden und zeugen von Inkompetenz und Unsicherheit in vielen Köpfen. Wo genau allerdings mein unbekanntes Nichtwissen ist, kann nur jemand drittes sagen, der über dieses Wissen verfügt, oder das Vorgehen wird sich früher oder später als Zufall und richtig oder falsch erweisen. Zudem „lässt sich nie nachweisen, ob eine Entscheidung falsch oder richtig war, denn keiner weiß, wie es heraus gekommen wäre, wenn anders entschieden worden wäre." (Annen 2014)

Informationen unterschlagen
Mindestens so schlimm wie sich auf den ersten Blick zu verlassen ist auch, Informationen auszulassen. Dies kann nicht nur auf die Art sein, dass nicht alle Informationen weiter gegeben werden, um Menschen durch weglassen von Informationen zu manipulieren. Es kann auch sein, dass Daten umgruppiert werden, um somit die Werte zu verschieben, oder Betrachtungsräume zu ändern, was nicht auf einen Blick ersichtlich ist (Dubben und Beck-Bornholdt 2006).

Beispiel

Das Gefühl kennt wohl jeder: Bevor ich die Aufgabe demjenigen gebe, machen ich es schnell selber, das geht schneller und ich weiß was ich mache. Ich ertappe mich auch immer mal wieder dabei. Aber was passiert: Je mehr ich mache, umso mehr Wissen eigene ich mir an, dass andere nicht haben. Erfahrung und Routine, die eigentlich ein andere brächte und die Gelegenheit dazu nicht hat. Wenn ich das Spiel lang genug mache, endet das darin, dass ich mich fachlich und / oder technische perfekt auskenne. Ich weiß, wie ich Tariffiles erstelle, wie ich sie ins System einspielen und testen kann. Das Ganze nur, weil ein Mitarbeiter eine Anleitung nicht verstanden hat und sich schwer getan hat, das eine mit dem anderen zu verbinden. Anstatt mir die Zeit zunehmen, die Anleitung mit ihm durchzugehen und es gemeinsam zu machen, dachte ich, lass gut sein, ich mach es kurz selbst, ist ja nur einmal. Wie sich herausgestellt hat, musste die Datei dann noch drei Mal geändert werden, weil sich immer wieder etwas aktualisiert hat. Natürlich wusste außer mir keiner wie es geht und dann habe ich es „schnell" gemacht. Aber ist das denn wirklich Aufgabe eines Projektleiters. Wo bleibt dann die Zeit für meine eigentlichen Aufgaben? Wie kann das Team so seine Verantwortung wahrnehmen oder auch weiter kommen? Da muss ich mich auch immer wieder bewusst zurück nehmen. Aber am Ende hat es sich dann ausgezahlt, wenn ich anfangs die Zeit mit den Mitarbeitern investiert hab. Das tat zwar zu Beginn weh, weil es nicht so schnell vorwärts ging als hätte ich es selbst gemacht, dafür waren sie aber nach dem zweiten Mal fit, kannten Zusammenhänge und wenn Fehlermeldungen vom Kunden kamen haben sie auf den ersten Blick erkannt, wenn es um ihre Konfigurationen ging.

4.2.7.5 Was sagt Klemens dazu

Klemens merkt, dass es doch nicht ganz so einfach wird wie erwartet. Es fehlt ihm und seinen Team an unterschiedlichen Stellen an Wissen. So beschließt er mit seinem Team zu schauen, in welchen Bereichen Schwachstellen vorhanden sind. Ein Mitarbeiter berichtet von einer interessanten Konferenz zu Windenergie, von der er sich einen Mehrwert verspricht. Ein anderer Mitarbeiter würde gerne auf ein Seminar zum Thema Innovationstechnik Windkraft gehen. Die dritte Mitarbeiterin erzählt, dass sie mit den Abläufen und den Behörden zu kämpfen hat. Sie hat hierzu schon lange zwei Bücher auf den Tisch liegen, kam aber nie dazu diese zu lesen. Somit hat nun jeder ein Ausbildungsprogramm, das in den kommenden zwei Wochen durchgeführt wird. Im Anschluss, so beschließt Klemens, soll jeder eine kurze Zusammenfassung von dem geben, was er gelernt hat. Zum einen wiederholt er so für sich das Wichtigste und zum anderen erfahren die anderen, mit welchen Fragen man sich beschäftigt hat. Klemens selbst hat einen Coach kennengelernt, der im Bereich erneuerbare Energie tätig ist und Projekte berät. Er würde gerne mit ihm über das ein oder andere sprechen und sich für einen längeren Zeitraum beraten lassen, alle ein bis zwei Wochen einen Tag. Das Team lernt also sich zu vernetzten, das Wissen untereinander zu teilen und ein Experte begleitet das Team kontinuierlich weiter.

4.2.7.6 Fazit

An dieser Stelle soll nochmal kurz zusammengefasst werden, welche Merkmale Komplexität im Bereich von Wissen hat, wie man am besten mit ihr umgeht und was man besser vermeiden sollte.

Merkmale:
- Wissen ist vorhanden, aber schwer zugänglich und verteilt
- Variabilität des Wissens im Zeitablauf und Kontext
- bisherige Lösungen funktionieren nicht mehr

Do:
- Austausch zwischen Praktikern und Experten
- Befähigen und Mentoren einsetzen
- Raum schaffen für kreative Problemlösung
- Verständnis für vorhandenes Wissen und Nichtwissen schaffen
- build – learn – measure

Don't:
- Austausch in der Gruppe als Zeitverschwendung sehen
- Lernen nicht als Prozess, sondern als begrenzte planbare Aktivität verstehen
- Wissen generieren, welches nicht weiter verwendbar ist
- offensichtlich Offensichtliches

4.2.8 Projektmanagementprozess

Aufgrund einer neuen Budgetverteilung in den Gemeinden und neuer Kostenaufstellungen für die Verfahren und Zulassungen, wurde das Budget des Projekts gekürzt. Die mehrfachen Abstimmungen, langen Wartezeiten und Fristen haben dazu geführt, dass Mehrkosten verursacht wurden und auch die Termine nicht mehr eingehalten werden können. Eine komplette Neuplanung auf Kosten und Terminschiene werden unerlässlich. Der Auftraggeber ist darüber nicht sehr erfreut und fragt nun misstrauisch, wie er sicher sein kann, dass die Kosten des Projekts nicht vollends aus dem Ruder laufen. Er überlegt sich ein detaillierteres Berichtswesen mit wöchentlichen Statusmeldungen und Quality Gates einzuführen.

4.2.8.1 Guidos Welt
Guido fällt wieder seine tolle Formel für die Wirtschaftlichkeitsberechnung ein. Er beginnt also regelmässig hier die aktuellen Werte einzutragen und zu beobachten, wie sich der Kostenverlauf verändert. Dafür ist es natürlich wichtig zu wissen, wenn es Veränderungen gibt, damit er schnell reagieren kann. Also werden regelmässige Treffen zur Abstimmung mit allen eingeführt, in denen auch gleich der Statusbericht aktualisiert wird. Hier wird nur kurz angesprochen, was aktuell anliegt, damit nicht zu viel Zeit in Besprechungen verloren geht. Jeder soll kurz sagen, wo sein Problem liegt, falls es eins gibt, und dann geht es wieder an die Arbeit. Effiziente Meetingkultur nennt Guido das. Keine Zeit mit unnötigem „blabla" verschwenden. Im Anschluss hat Guido meist direkt die Präsentation bei den Stakeholdern. Am Ende stellt Guido mit Erschrecken fest, dass er so zwar ständig über den Verlauf der Kosten und Termine informiert und in Abstimmung mit den Stakeholdern war, auf der anderen Seite dieses Wissen und die Aktualität der Informationen aber sehr viel Geld gekostet hat, da jeder ihm diese Abstimmung in Rechnung gestellt hat. Zudem kam es zu Verzögerungen, da aufgrund der Besprechungen die Mitarbeiter oft aus ihrer Arbeit gerissen wurden und somit viele Rüstzeiten hatten, um wieder produktiv zu werden. Nicht zu vergessen die administrativen Aufgaben und Nacharbeiten, die jedes Meeting mit sich brachte. Guido hatte auch keine Zeit mehr für das Team und verlor das Gefühl dafür, was grade dran war, wie der Puls war. So wurden Probleme viel zu spät aufgedeckt, da jeder nur sein Gärtchen beackert hat und nicht rechts und links geschaut hat. Das große Ganze und Miteinander ging unterwegs verloren. Das kann dazu führen, dass anstatt einem Team ein Haufen Einzelkämpfer versucht ein Fussballmatch zu gewinnen.

4.2.8.2 Merkmale

Akkumulation
Unterschiedliche Sichten auf Projektgegenstand und unterschiedliche Vorstellungen machen das Steuern des Vorhabens schwierig. Dies ist vergleichbar mit einem Schiff, bei dem man nicht sicher ist, wo es hin gesteuert werden soll und jeder reisst das Ruder in eine andere Richtung. Unterschiedliche Projektvorgehensweisen und Vorstellungen, wie man

Abb. 4.8 Keine Zeit (Carroll 1865)

ein Team führt oder Aufgaben plant, können Konfliktpotential bergen. Auch kann ungewollt Komplexität im Projekt entstehen, wenn eine Vielzahl an Dokumenten gefordert wird, die aber zum aktuellen Zeitpunkt gar nicht geliefert werden können.

Rückkopplung
„Oh seht, Oh seht, ich komme viel zu spät. Grüß Gott, auf Bald, Auf Wiedersehn, muss gehn, muss, gehn, muss gehn." (Abb. 4.8). Wer kenn das nicht, das Gefühl wie das weiße Kaninchen immer unter Druck zu sein und zu spät zu kommen, für nichts Zeit zu haben. Zeitdruck führt zu unüberlegtem Handeln und Fehlentscheidungen. Man tut lieber irgendetwas, als gar nicht zu handeln. Eine Überdosierung von Maßnahmen unter Zeitdruck aufgrund kognitiver Fehler, also Fehler in der Erkenntnistätigkeit, sind dann keine Seltenheit. Solche Rückkopplungen sind nur allzu bekannt.

Verzögerung
Wechselwirkungen im System, die im Laufe der Zeit entstehen können, werden ignoriert, weil nur kurzfristig gedacht wird. Das spiegelt sich auch im Risikomanagement wider. Der Erfolgsdruck ist so groß, dass notwendige Maßnahmen zum Risikomanagement ignoriert werden und keine Maßnahmen getroffen werden. Dafür ist momentan keine Zeit, manchmal auch kein Geld, keine Ressourcen oder alles zusammen. Das Risikomanagement zu vernachlässigen hat sich schon oft später gerecht. Nicht immer, aber in komplexen Umgebungen immer öfter, da es zu ungeahnter Rückkopplung kommt.

Nicht linear

Beliebt ist in diesem Zusammenhang auch das Verfallen in Bürokratie. Mehr Reporting sorgt nicht unbedingt für mehr Transparenz, mehr Mitarbeiter nicht für schnellere Ergebnisse (nicht linear). Stattdessen wird manchmal sogar eine Schattenbuchhaltung aufgebaut. In der hat der Projektleiter die wahren Zahlen, während er nach oben berichtet, was gehört werden will, um weitere Aufgaben zu vermeiden.

Geschichte

Komplexität im Unternehmenssystem an sich, sowie die zugrundeliegenden Prozesse und Bedeutung des Projektes können ebenso zu einer Steigerung der Komplexität beitragen. Die meisten komplexen Vorhaben haben eine Geschichte. Sei es wie das Altsystem entstanden ist, oder dass das Projekt bereits mehrere Anläufe hatte oder das Nachfolgeprojekt anderer Projekte ist. All das hat Einfluss darauf, wie das Projekt verläuft und muss bis zu einem gewissen Grad berücksichtigt werden.

Leistungsfähigkeit

Projekte neigen dazu zum Auffangbecken für lang gewünschte Funktionen und Tätigkeiten zu werden. Die Eierlegende-Woll-Milch-Sau ist das Ergebnis. Auch Prozesse, die schon lange angepackt werden sollten, können in Projekten endlich pilotiert werden. Auch wenn es logisch erscheint, manche Dinge in dem Zusammenhang zu erledigen, ist irgendwann die Kapazitätsgrenze und damit die Leistungsfähigkeit erreicht. Der Fokus sollte stets auf dem ursprünglichen Ziel und dessen Werterbringung liegen.

4.2.8.3 Umgang

Transparenz

Ein wichtiger Punkt ist Transparenz schaffen. Jeder sollte jederzeit wissen, wo das Projekt steht, was es für Erfolge hat, wo alles gut steht, aber auch wo aktuell Herausforderungen bestehen und wie mit diesen umgegangen wird. Nur das kann Missverständnissen in der Kommunikation und Gerüchten vorbeugen. Bewusst wurde hier das Wort „kann" gewählt. Ganz vermeiden kann man Missverständnisse und sogenannten Flur-Funk wohl nie.

Story telling

Was aber hilfreich sein kann, ist Geschichten zu erzählen. Geschichten und Bilder prägen sich leichter ein als langweilige Folien mit zehn Bulletpoints. Manche Projekte erzählen den Fortschritt jeden Monat in Form einer Geschichte, die wirklich als solche gezeichnet und erzählt und an alle verteilt wird. Anstatt einer Person, zum Beispiel in Form eines Comics, kann auch eine Landkarte aufgezeichnet werden, auf der dann Hindernisse und Fortschritte eingezeichnet werden. Oder Landschaften und andere Gegebenheiten, die unterwegs passiert sind. Die Bilder begleiten das Team, man kann die Geschichte quasi aktiv mitgestalten und so auch alle miteinander an einem Thema teilhaben lassen. Story telling ist aber eine Kunst, die man lernen muss. Am besten indem man in Projekten mitarbeitet, in denen diese Methode angewandt wird. Ansonsten kann es leicht als kindisch abgetan werden.

Erfolgsfaktoren

Das Identifizieren der Erfolgsfaktoren ist ein wichtiger Aspekt, der helfen kann, gezielt Einfluss auf den Projekterfolg zu nehmen. Hierzu gehören vielleicht eine breite Lobby bei den Anwendern, das Buy-in von anderen Projekten und die Abstimmung untereinander über Implementierungstechniken oder Usabiliy. Erfolgskriterien müssen nicht immer offensichtlich und offiziell sein. Es kann ebenfalls sein, dass ein Projekt zum Erfolgreichsein die Beförderung des Auftraggebers unterstützen muss.

Vernetzen und Ermächtigen

All dieser Punkte sollte man sich bewusst sein, evtl. sie auch niederschreiben und bei der Planung / Kommunikation berücksichtigen. Zum Thema Planung gilt noch anzumerken, dass sich ein komplexes Umfeld dadurch auszeichnet, dass es eben nicht mehr planbar und steuerbar ist wie herkömmliche Projekte. Es ist wichtig, loslassen zu können und zu versuchen, dem Team Freiräume zu geben und zu einem selbstorganisierenden Team zu werden, um so kreativ Probleme lösen zu können. Diese Zeit gilt es bewusst einzuplanen, oder besser gesagt, bereit zu halten. Hier ist der Vergleich mit Reiten eventuell ganz hilfreich. Nicht immer läuft das Pferd ruhiger, wenn die Zügel straffer gehalten werden. Es muss das richtige Maß gefunden werden und mal muss man die Zügel auch entsprechend nachgeben und locker lassen, damit das Pferd die Freiheit hat sich optimal zu bewegen. Ein neuer Weg des Managements ist hier angesagt: „vernetzen und ermächtigen", Freiräume schaffen für ein selbstorganisierendes Team und Delegieren von Entscheidungen und Übertragen von Kompetenzen.

Rollierende Planung

Der Manager fungiert nicht mehr als Macher, sondern als Moderator. Das bedeutet ein radikales Umdenken. Auch bei der Planung hat sich eine rollende Planung, wie sie in den agilen Methoden verfolgt wird bewährt (Verheyen 2013). So hat man eine Dreistufenplanung. Einen Plan über die gesamte Projektlaufzeit, mit Meilensteinen von einzelnen Phasen, Teilprojekten, Budgetrunden oder ähnlichen, eine Releaseplanung, in der angegeben wird, wann Releases geliefert werden und zuletzt eine Detailplanung für das kommende Release. Damit hat man eine grobe Übersicht mit einem Ziel und der klaren Richtung, bleibt aber in der Gestaltung der Ausführung immer noch so flexibel, dass man sich nichts verbaut. Aus diesem Grund sollten Planung und Schätzung getrennt voneinander betrachtet werden. Ebenso ist eine rollierende, kurz- bis mittelfristige Planung sinnvoll anstatt einer detaillierten Langfristplanung, die ständig angepasst werden muss. Planung kann immer nur vergangenheitsbezogen sein, d. h. ich gehe davon aus heute genauso produktiv zu sein wie am Tag zuvor (yesterday's weather, Kendrick 2009).

Tipp

Es klingt komisch, kann aber sehr hilfreich und lehrreich sein: das Projekttagebuch. Dazu legen Sie einfach bei sich lokal (!) eine Worddatei an und schreiben jeden Tag auf, was passiert ist. Was lief gut, was lief schlecht. Es muss nicht „schön" sein, es ist auch nicht für die Öffentlichkeit. Auch wenn nichts Spannendes passiert ist, kann das eine Aussage sein. Aber ein bis zwei Mal pro Woche sollte man ein paar Stichworte eintragen. Mir hilft es zum einen, um nach ein paar Monaten nachvollziehen zu können, warum wir da stehen wo wir stehen. Zum anderen hilft es aber auch zu erkennen, welche Fehler haben wir mehr als einmal gemacht? Welche lessons learned kann ich am Ende vom Projekt ableiten? Wo liegen Ursachen vergraben. Aber natürlich auch: Was habe ich gelernt, was lief gut. Leider vergisst man doch zu schnell, wo man Erfolg hatte, was gut lief und was alles erreicht wurde.

4.2.8.4 Fallstricke

Dein Problem
Wenn viele Personen in einem Meeting sitzen, um ein Problem zu lösen, das nur einer hat, so kostet das viel mehr Zeit, als wenn nur ein oder zwei Personen sich mit dem Thema beschäftigen. Dieser Denkansatz mag auf den ersten Blick stimmen. Auf den zweiten muss allerdings entgegnet werden, dass die zwei Personen vielleicht viel länger brauchen, um zu einer Lösung zu kommen als zusammen mit den anderen drei Personen. Zudem kann der Input von anderen Bereichen dazu beitragen, dass andere und eventuell bessere Lösungen gefunden werden, weil eben auch neue Perspektiven mit eingebracht werden.

Regulierung
Es kann auch sehr schnell passieren, dass man wieder in altes Denken verfällt, viel kontrollieren will, ständig nach dem Status fragt und die Leute einengt. Besonders anfällig wird man hierfür, wenn auch von oben her immer mehr kontrolliert wird und rapportiert werden soll. Dabei sollte man immer im Kopf behalten, dass eine zu starke Regulierung des Projekts ins Chaos führt. Anstatt zu prüfen wie die Werterbringung aussieht, wird darauf geschaut, wie viel Zeit bereits investiert wurde.

Studentensyndrom
Dabei wird man unweigerlich mit dem Studentensyndrom konfrontiert. Das bedeutet die gestellten Aufgaben immer wieder weiter zu verschieben, anstatt sie zu erledigen bis zum gesetzten Endtermin oder darüber hinaus. Bei der Planung gilt es auch darauf zu achten, wie in der Schätzung bereits Pufferwerte durch das Team eingebracht wurden und in wie weit diese in der Gesamtplanung aufgehen. Denn Zeit und Aufwand, die jemandem für eine Aufgabe zugesprochen werden, werden auch in Anspruch genommen. Ein Zurückgeben von Zeit, sprich früher Fertigsein, verbinden die meisten Personen mit negativer Erfahrung. Zum Beispiel, dass beim nächsten Mal die eigene Schätzung pauschal gekürzt wird, „…da letztes Mal die Schätzung ja auch zu hoch war…". Dem kann entgegengewirkt werden, indem den Mitarbeitern von vornherein nur 80 % der Zeit zur

Verfügung gestellt wird und der Rest dann als Planungspuffer verwendet wird (Goldratt 2002). Kritisch wird es, wenn die Mitarbeiter dieses Vorgehen kennen und die Schätzung von vornherein entsprechend höher ansetzen in der Annahme, dass gekürzt wird.

Teilen und herrschen

Altbekannte Führungsmethoden wie „teile und herrsche" werden nicht mehr funktionieren. Einzelne Elemente können nicht losgelöst voneinander betrachtet werden und für das alleinige Entscheiden und Herrschen fehlt oftmals in komplexen Umgebungen das Wissen.

Ballistisches Handeln

Verminderte Realisierungskontrolle führt dazu, dass nicht mehr überprüft wird, ob Maßnahmen zum Erfolg führen oder Vorhaben umgesetzt wurden (ballistisches Handeln). Schnelles, unüberlegtes Handeln steht auf der Tagesordnung.

Beispiel

Das schlimmste was in einem Projekt passieren kann, ist wenn der Projektleiter genervt und gestresst ist und sich das auf das Team überträgt. In einem Fall ist es passiert, dass ich als externer Projektleiter in internes Pendant hatte. Dieser war irgendwann so am eigenen Limit, dass er in erster Linie geklagt hat, nur das schlechte gesehen hat und seine allgemeine Unzufriedenheit kundtat. Das hat ihm vielleicht kurzfristig Luft verschafft, aber mittelfristig nichts geändert, zumindest nicht zum Positiven. Negative Laune steckt schnell an. Die Mitarbeiter hatten keine Lust sich immer das Gejammer anhören zu müssen. Manche ließen sich sogar mit runter ziehen. Es kam eine schlechte Stimmung im Projekt auf. Wer arbeitet schon gerne in einem Umfeld, in dem man die Spannung schon beim Betreten des Stockwerkes spüren kann? Einmal kam sogar einer der Mitarbeiter zu mir und fragte, wann das Projekt endlich rum sein und wie lange er die Stimmung noch ertragen müsse. Man darf nie unterschätzen, welche Wirkung man auf andere hat durch die Art wie man redet, ob man trotz allem noch ein Lächeln übrig hat und ein offenes Ohr für seine Mitarbeiter. Ich habe erlebt, dass es einem die Mitarbeiter danken, in dem sie unverhofft länger bleiben und Probleme lösen, die ich noch nicht auf dem Radar hatte, oder dass ich sie um Dinge bitten konnte, die nicht selbstverständlich sind. Aber Vorsicht: Berechenbarkeit ist ein falsches Motiv. Menschen spüren es, ob man etwas ernst meint oder etwas aus Berechnung macht. Das ist definitiv nicht das, was ich hier zum Ausdruck bringen möchte.

4.2.8.5 Was sagt Klemens dazu

Klemens stöhnt auf. Nur nicht dieser Raportismus. Es hilft nichts. Irgendetwas muss er diese Woche berichten. Also überlegt er, wie er den Bericht so aufbauen kann, dass dessen Erstellen nicht noch Mehraufwand generiert, sondern auch dem Team einen Nutzen bringen kann. Statt Zahlen möchte er die nächste drei Meilensteine, drei wichtige Erfolgsfaktoren und die 10 wichtigsten Tätigkeiten für die kommenden zwei Wochen darstellen. Gemeinsam mit dem Team definiert er die entsprechenden Elemente. Meilensteine wie Anlieferung der Bauteile und der erste Spatenstich werden genannt, Tätigkeiten wie das Bereitstellen der Infrastruktur, Vorbereiten der Liegenschaft und der Absperrung des Geländes sollen durch einen Fortschrittsbalken dargestellt werden. Für kritische Erfolgsfaktoren wird ein Ampelstatus gewählt. Hierzu gehören die Lieferantenbeziehung, der Prozess bei den Behörden und die Stimmung der Bevölkerung. Zwei Mal pro Woche wird nun kurz zusammen gesessen und berichtet, wo jeder dran ist im Moment. Was er bisher getan hat, was er für den heutigen Tag und den darauffolgenden vor hat und wo seine Probleme, Herausforderungen liegen bzw. was seine Erkenntnisse und lessons learned in den letzten Tagen waren. Ein gezielter Wissensaustausch, der dazu führt, dass während dem Meeting gemeinsam der Staus festgehalten werden kann, alle die gleiche Sicht darauf haben und den Report mittragen. Aber auch, dass jeder voneinander lernen kann und Probleme im Team angesprochen werden. So konnten Kontakte für Bauzäune und entsprechende Lieferwägen vermittelt werden oder auch Tipps für die Begegnung mit kritischen Wanderern gegeben werden. Der Raum für Austausch sorgte dafür, dass die Treffen keine lästige Arbeitsunterbrechung waren, sondern als Teil der Arbeit angesehen worden sind, die sogar teilweise einen Mehrwert für einzelne Personen brachten.

4.2.8.6 Fazit

An dieser Stelle soll nochmal kurz zusammengefasst werden, welche Merkmale Komplexität im Bereich vom Projektmanagement hat, wie man am besten mit ihr umgeht und was man besser vermeiden sollte.

Merkmale:

- Zeitdruck führt zu unüberlegtem Handeln und Fehlentscheidungen
- unterschiedliche Sichten und Vorstellungen
- Schattenbuchhaltung
- Vergangenheit

Do:

- Transparenz
- Geschichten erzählen
- Erfolgskriterien ermitteln
- vernetzen und ermächtigen
- Dreistufenplanung

Don't:

- teile und herrsche
- ballistisches Handeln
- Puffer in Planung
- Überregulation

4.2.9   Projektkultur

Aufgrund der angespannten Situation bleibt auch das Thema Schuldzuweisung nicht aus. Jeder schiebt die Schuld für Fehler auf den Anderen. Bauteile passen nicht zusammen, die Rotorblätter haben eine falsche Wölbung, die bauliche Verankerung im Boden ist nicht an der im Plan eingezeichneten Stelle. Der Umgang miteinander wird rau, jeder versucht sich abzusichern. Der Plan sei zu ungenau, die Schrift nicht klar lesbar, die Änderung kam zu spät, der Entscheid stehe in keinem Protokoll. Plötzlich kommen Vorwürfe auf den Tisch, die bisher nie ein Thema waren. Persönliche Aussagen wie Grünschnabel, Erbsenzähler oder Chaot fallen. Was in dem Zusammenhang ziemlich deutlich wird ist, dass die Kultur zwischen Deutschland und der Schweiz doch eine andere ist, auch wenn es Nachbarländer sind. Die Atmosphäre wird unangenehm und die Spannung ist spürbar.

4.2.9.1 Guidos Welt

Guido sitzt in einem Meeting und hört sich die unterschiedlichen Vorwürfe an. Immer wieder muss er die Kollegen einfangen und bitten sachlich zu bleiben. Ganz offensichtlich hätten die Informationen früher verteilt werden und nicht nur abgelegt werden sollen. Gleichzeitig hatte aber die andere Partei jederzeit die Möglichkeit auf die Informationen zuzugreifen, wie in den vorherigen Monaten auch. Damit ist für Guido ganz klar, dass beide einen gleichen Anteil an Schuld tragen und nun zur Problemlösung übergegangen werden kann. Der Vereinsvorsitzende ist stinksauer, schlägt auf den Tisch und verlässt den Raum mit den Worten: „Er sei nicht schuld, auch nicht zum Teil. Die Lösung für das Problem sollen die anderen jetzt suchen". Pfaff. Das hat gesessen. Etwas irritiert schaut Guido auf die noch vibrierende Tür und überlegt sich, welches Detail ihm „durch ging". Doch dann reisst ihn das Telefon aus seinen Gedanken. Die Firma, die die Rotorblätter liefert. Wie Guido ja wisse, seien die Rotorblätter mit der falschen Wölbung produziert worden. Natürlich habe man sich schon gewundert, aber die Vorgaben von uns waren ja so gegeben. Nun hätte ein Mitarbeiter von Guido die Annahme der Ware verweigert und man würde gerne wissen, wie es nun weiter geht. Natürlich behielten sie die Ware, falls wir sie nicht wollen. Aber zahlen müssten wir schon innerhalb der gesetzlichen Frist von 30 Tagen, die dann langsam verstrichen wäre. Guido ist fassungslos. Wie kann man Rotorblätter produzieren, obwohl die Abmessungen fehlerhaft erscheinen? Scheinbar war der Kollege aus dem Projekt so von sich selbst überzeugt, dass das Vorgehen nicht in Frage gestellt wurde. Da haben wir nun den Salat. Von gemeinsamer Lösungsfindung keine Spur, weder bei dem einen, noch bei dem anderen. Also geht es auf die Suche nach Kompromissen. Das löst zumindest das akute Problem und nicht aber die Ursache, wie sich die Menschen verhalten. Guido beschließt das Thema im nächsten Meeting anzusprechen und auf die Tagesordnung zu stellen. Das Team soll einen Umgang pflegen, in dem man offen kommunizieren kann und gemeinsam an Lösungen arbeiten soll. Ja, denkt sich Guido, das ist eine gute Idee. Das wird er seinem Team so sagen, dass er das gerne so hätte.

4.2.9.2 Merkmale

Geschichte

Das Thema soziale Kultur ist wohl eines der wichtigen und gleichzeitig der schwierigsten. Das mag daran liegen, dass Kultur weder zu greifen, noch einfach zu verändern ist. Hier spielen viele Aspekte eine Rolle. Die Vergangenheit des Unternehmens spielt ebenso eine Rolle bei der Frage nach der Kultur wie die Vergangenheit der einzelnen Mitarbeiter. Ein Unternehmen, das aus vielen Zukäufen und Fusionen geprägt ist, hat es schwer, eine eigene Firmen-Kultur zu behalten, da immer Neues dazu stößt. Es ist wichtig, diese Geschichte zu kennen und zu berücksichtigen.

Leistungsfähigkeit

Ähnliches gilt für Teams mit einer hohen Fluktuation. Jeder Mensch ist geprägt durch ein soziales Umfeld, seine Erziehung, Moral- und Wertevorstellung. Ängste vor Ergebnis oder aus Vergangenheit beeinflussen die Denkweise und das Handeln, sowie die Kommunikation und Sprache. Mehr Personen in einem Team, oder der Austausch von Personen führen nicht automatisch zu einer Steigerung der Leistungsfähigkeit. Das Team fängt im Teambildungsprozess wieder von vorne an und braucht seine Zeit, um wieder in der Performing-Phase anzukommen.

Verzögerung

Ein Beispiel für Verzögerung im Kulturbereich ist die Teegesellschaft, in die Alice hinein-platzt (Abb. 4.9). Die Szene zeigt deutlich, wie verschiedene Kulturen aufeinander stossen und dadurch kuriose Gespräche entstehen. Zumindest erscheinen sie für einen Außenstehenden kurios. Mitten in der Gesellschaft scheint alles normal zu sein. Die Auswirkungen werden erst später sichtbar. In unserem Alltag haben wir vielleicht keinen verrückten Hutmacher, aber wir haben dafür eine Vielzahl an Teammitgliedern, alle mit ihren Eigenheiten und ihrer eigenen Kultur.

Akkumulation

Eindrücklich ist das Thema bei internationalen Teams oder über mehrere Standorte ver-teilte Teams. Oft ist das schon bei Teams zwischen Zürich und Bern, oder Stuttgart und München spürbar. Globale Zusammenarbeit verstärkt diese Herausforderung noch, nicht nur innerhalb des Teams, sondern auch wenn die Kunden nun global betrachtet werden müssen oder Zulieferer und Partnerfirmen. Das bedeutet Akkumulation im Sinn von vie-len verschiedenen Menschentypen mit ihrem eigenen kulturellen Hintergrund.

Rückkopplung

In der heutigen Zeit, in der alles sehr schnelllebig geworden ist, fällt eine Identifikation mit Unternehmen oder dem Projekt schwer. Erwartungen an das Unternehmen oder die Beziehung der Menschen untereinander werden heute anders definiert als noch vor eini-gen Jahren. Die Gesellschaft ändert sich und das wird auch in der Projektkultur sichtbar.

Abb. 4.9 Die Teegesellschaft (Carroll 1865)

Ob man es wahrhaben will oder nicht, hier herrscht eine Rückkopplung, die nur schwer zu beeinflussen ist.

Nicht linear
Ein sehr deutliches Zeichen für eine schlechter werdende Projektkultur ist ein steigender Zynismus und Sarkasmus. Das sind Ausdrücke von Hilflosigkeit und höchste Alarmstufe. Allerdings kann das nicht linear betrachtet werden.

4.2.9.3 Umgang

Routine und Kadenzen
An erster Stelle sollte die Erkenntnis stehen, dass Kultur beobachtbar, nicht aber steuerbar ist. Es kann versucht werden, durch gute Routinen und Kadenzen (Abfolgen) die Kultur etwas zu beeinflussen. Denn was man zu tun gewohnt ist, fällt einem leichter.

Synchronisation und Feedback: Routine und kadenzen
Ob man aber auch automatisch das Richtige tut, muss durch Synchronisierung und Feedback immer wieder überprüft werden (Appelo 2014 2).

Kontextsensitiv

Manchmal kann es auch sein, dass Prozesse oder Verhaltensweisen, die bisher funktioniert haben und aufgenommen wurden, nun plötzlich eine andere Reaktion hervorrufen. Das liegt daran, dass die Kultur und das Verhalten von Menschen kontextsensitiv sind. Das wiederum bedeutet, in einer anderen Umgebung kann dasselbe Verhalten eine andere Wirkung erzielen (Thiele 2007).

Rollenverteilung

Die Herausforderung ist es, herauszufinden, wer die Meinungen bildet und damit im Team Einfluss nimmt. Meist sind das auch die Wortführer, die dann für die Gruppe sprechen oder auch Kollegen übertönen, andere also nicht zu Wort kommen lassen. Hier gilt es herauszufinden, wer im Team welche Rolle einnimmt. Es gibt verschiedene Beschreibungen welche Rollen es in einem Team gibt. Ein Beispiel sind die neun Rollen nach Dr. Meredith Belbin. Belbin unterscheidet hier zwischen:

1. „Neuerer/Erfinder"
2. „Wegbereiter/Weichensteller"
3. „Koordinator/Integrator"
4. „Macher"
5. „Beobachter"
6. „Teamarbeiter/Mitspieler"
7. „Umsetzer"
8. „Perfektionist"
9. „Spezialist"

Die einzelnen Teammitglieder hier zuzuordnen kann helfen, das Verhalten der einzelnen besser zu verstehen und somit auch Konflikten vorzubeugen oder sie frühzeitig zu erkennen und gezielt mit ihnen umgehen zu können.

Ungeschriebene Regeln

Nicht selten gibt es auch einen ganzen Satz von ungeschriebenen Regeln, nach denen das Team lebt. Viele davon sind bestimmt durch die im Unternehmen gelebte Kultur, aber auch durch Erlebnisse in Projekten der Vergangenheit. Daher ist es manchmal hilfreich die Historie der Personen und des Projektes oder des Projektauftrages zu kennen.

Ein Team

Um ein Team zu formen, können unterschiedliche Werkzeuge zum Einsatz kommen, sofern man hier von Werkzeugen sprechen kann. Zum einen ist es wichtig ein Verständnis dafür zu schaffen, dass die Leistung nur im Team erbracht werden kann und nicht durch Einzelne. Ein Fussballteam, das nur aus Profis besteht, die jeder für sich super sind, aber nicht im Team spielen können, wird keinen Sieg davon tragen. Das Gleiche gilt für Projektteams.

Fehler als Lernchance

Es ist es wichtig, einen Raum für Fehler und Scheitern zuzulassen. Fehler macht man, um aus ihnen zu lernen. Wie Sir Edward Richard George Heath so schön sagte: „Vor Fehlern ist niemand sicher. Das Kunststück besteht darin, denselben Fehler nicht zweimal zu machen." Fehler sollten daher immer als Lernchance gesehen werden. Nur so schafft man eine Umgebung, in der Platz für Fremdes ist und kreative Lösungsfindung.

Delegation

Eine andere Art ist das Etablieren dezentraler Kontrolle oder altmodisch ausgedrückt, das Delegieren. Nicht alles muss der Projektleiter alleine entscheiden und nicht immer ist es gut, dass er die Entscheidung (alleine) trifft. Daher ist es wichtig, dass Experten im Team hinzugezogen werden. Gibt der Projektleiter hier und da die Entscheidungskompetenz für einzelne Themen gezielt ab, so kann das nicht nur die Ergebnisqualität steigern, sondern auch das Team stärken. Natürlich geht das nicht vom ersten Tag an und bei allen Entscheidungen. Hierfür bedarf es wieder des Fingerspitzengefühls des Projektleiters, um die richtigen Situationen heraus zu finden und vielleicht auch gezielt kalkulierbare Wagnisse einzugehen. Hilfreich ist hier zu bedenken, dass es nicht nur schwarz und weiß gibt, sondern auch einige Grautöne im Bereich wie Delegation aussehen kann. Angefangen vom Informieren, über das Einholen von Rat, gemeinsame Entscheidungen bis hin zur umgekehrten Reihenfolge, wo der Mitarbeiter vorschlägt, um eine Empfehlung bittet oder nur noch informiert (Appelo 2014).

Mit gutem Beispiel voran

Unerlässlich und unabhängig davon, ob wir uns in einem komplexen Umfeld befinden oder nicht ist die Tatsache, dass die gewünschte Kultur vorgelebt werden muss und der Projektleiter als Vorbildfunktion dient. Es müssen Kommunikationsräume geschaffen und Barrieren abgebaut werden. Nur so können sich Personen vernetzen, Wissen austauschen und komplexe Probleme lösen. Kultur kann man nicht bauen, aber man kann Werte vorleben.

Tipp

Ich finde es hilfreich einen Single Point of Contact zu etablieren und auch darauf zu bestehen. Oft erlebe ich, dass Personen direkt auf Mitarbeiter zugehen ohne den Projektleiter anzusprechen. „Der ist ja eh nur ein Durchlauferhitzer und nein sagen kann er sowieso nicht". Solche oder andere Argumente höre ich dann und die Mitarbeiter aus meinem Projekt bekommen von der Seite Aufträge. Klar geht das so schneller, besonders wenn ich als Ansprechpartner nicht da bin. Aber das führt dazu, dass ich einen Auftrag als erledigt gemeldet habe und nicht mitbekommen habe, dass der Fehler direkt an das Team gemeldet wurde. Damit kommuniziere ich einen falschen Sachverhalt, nämlich dass alles geklärt ist und die Lösung funktioniert. Bald stehen zwei Aussagen gegenüber und keiner weiß, welche nun Gültigkeit hat. Bis das geklärt ist, geht unter Umständen viel Zeit ins Land, in der weitere Anpassungen hätten vorgenommen werden können.

4.2.9.4 Fallstricke

Zersplitterte Fenster

Die Theorie des zersplitterten Fensters besagt, dass wenn erst einmal ein kleiner Riss vorhanden ist, dieser sich ganz leicht ausbreitet und das ganze Fenster zum Zersplittern bringen kann. Das bedeutet für uns: Wenn sich einmal der Schlendrian eingeschlichen hat, ist es sehr schwer ihn wieder los zu werden.

Hierarchiedenken

Ein weiterer Fallstrick stellt das Hierarchiedenken dar, das kreative Problemlösung einschränkt. Es zeigen sich eine erhöhte Risikobereitschaft und Regelverstöße. Was klein beginnt wird immer größer. Ein Beispiel, das diesen Effekt deutlich macht, ist das Unglück von Tschernobyl. Auch hier wurde schon früh gegen kleine Regeln verstossen, ohne dass es zu Problemen kam. Dadurch wurde die Toleranzgrenze immer höher, bis die Risikobereitschaft nicht mehr angemessen war. Hier lohnt sich ein Blick in die Geschichte, um die Auswirkungen des Prinzips vom zerbrochenen Fenster zu verinnerlichen (Schneider 2009). Um solche Zustände künftig zu vermeiden, ist es oft nicht hilfreich oder sogar kontraproduktiv Tacheles zu reden und die Dinge unverblümt beim Namen zu nennen.

Gewalttätige Kommunikation

Wichtig ist eine offene Kommunikation, das schon, aber auch die Form muss stimmen. Schnell wirkt das Gesagte abwertend oder vorwurfsvoll und bewirkt emotionale Gegenwehr. Es ist wichtig darauf zu achten, dass es nicht an Wertschätzung fehlt. Neben der wertschätzenden Kommunikation ist aber auch ein Feingefühl für Menschen und ihre Bedürfnisse wichtig (Brüggemeier 2010).

Emotionen sind für Schwächlinge

In der heutigen Zeit spricht man auch von Emotionaler Intelligenz: das heißt spüren, wenn sich etwas anbahnt, wenn etwas im Argen liegt. Hier geht es nicht um Gefühlsduselei oder Wohlfühlgesellschaft, sondern darum, dass in einem Projekt immer Menschen zusammenkommen und Menschen leben von Emotionen. Gefühle beeinflussen das Denken und das Denken wirkt sich auf das Handeln aus. Alles entsteht im Zusammenhang mit der Umgebung, den eigenen Motiven und Werten. Wie also kann ein Projektleiter solch einen wichtigen Einflussfaktor außen vor lassen? Doch es geht hier nicht nur um das Erkennen, sondern auch darum, wie man mit der erkannten Situation umgeht (Pletzer 2007).

My Home – My Castle

Oftmals findet man in Projekten, die in Schieflage geraten oder eine Krise erleben viele Kleingärtner. Jeder beackert seinen eigenen kleinen Garten und zwar genau bis zum Zaun und nicht weiter. Das hat zur Folge, dass die Gärtchen an sich ganz nett sind, es im Grenzgebiet aber oft katastrophal zugeht. Hier ist das Gebiet vermint und verwildert. Es herrschen Schuldzuweisungen und Rechtfertigungen. Fehler machen nur die anderen, nie man selbst. Die eigne Aufgabe wurde ja gut erfüllt, dass der Übergang nicht funktioniert und es nicht zum großen Ganzen passt, liegt nicht an der eigenen Person. Aus dem Team werden Einzelkämpfer, das Gesamtziel geht verloren.

Beispiel

Ein Verhalten, das es für mich extrem schwer und aufwändig macht im Umgang, ist das Heldentum. In einem Projekt war das sehr ausgeprägt, und zwar nicht nur bei einer Person, sondern in einem ganzen Organisationsbereich. Erst war alles ganz katastrophal. Es konnte keine Person abgegeben werden. Jede Stunde, die der Mitarbeiter für eine andere Tätigkeit außerhalb des Projektes leisten sollte, war eine Gefährdung. Die Situation wurde eskaliert und platziert. Einen Tag später stand der andere Projektleiter im Zimmer und verkündete, er habe den gefragten Kollegen mit Mühe und Not freischaufeln können, so dass er doch 2 Stunden leisten könne, aber bitte nicht mehr. Das Ganze ist nervenaufreibend, sehr zeitintensiv und hat etwas mit der Unternehmenskultur zu tun, in der man so versucht sein Ansehen steigern zu können. Hier etwas zu ändern ist sehr schwierig, solange „von oben" dieses Verhalten als Heldentum gewürdigt wird. In dem Fall hilft es nur sich dessen bewusst zu werden und es zu akzeptieren. Das erleichtert den persönlichen / emotionalen Umgang, auch wenn das Problem an sich an anderer Stelle angegangen werden muss. Hier gilt es Transparenz zu schaffen nach oben.

4.2.9.5 Was sagt Klemens dazu

Klemens merkt recht bald, dass er sich in einem Umfeld befindet, in dem jeder eine reine Weste haben will und Schuld von sich zu weisen versucht. Fehler werden nicht gemacht, oder wenn, dann machen diese nur andere. Bald stellt Klemens fest, dass es etwas damit zu tun hat, wie die Menschen in ihrem Umfeld arbeiten. Eine Kollegin beispielsweise hat bei sich auf der Gemeinde schon oft erlebt, dass jemand beim Chef für einen Fehler angeschwärzt wurde und eine schlechte Bewertung bekommen hat. Seitdem lässt sich dort niemand mehr in die Karten schauen und auch der Umgang ist sehr vorsichtig, reserviert und nicht sehr offen oder locker. Diese Kultur hat die Dame mit ins Projekt genommen und lebt sie hier nun ebenfalls. Manchen Vereinen wird nachgesagt, dass diese aus Prinzip gegen Vorhaben schießen ohne sich im Vorfeld informiert zu haben. Sie haben Angst, wenn man entdeckt, dass sie einen Fehler gemacht haben, dass dann ein evtl. vorherrschendes Vorurteil der unsauberen Recherche bestätigt wird und sie ihren Ruf endgültig verlieren. Bei einem Lieferanten hat Klemens mitbekommen, dass retournierte Ware, für deren Fehler der Mitarbeiter verantwortlich ist, diesem anteilig vom Lohn abgezogen wird. Das führt dazu, dass keiner der Mitarbeiter einen Fehler eingestehen will oder wenn, dann die Ursache hierfür außerhalb sucht und begründet. Die Situation ist verfahren. Solange alles gut lief, sind diese Muster nicht aufgefallen. Doch jetzt, da es an der einen oder anderen Ecke klemmt, brechen diese Verhaltensweisen hervor. Klemens versteht jetzt jedoch die Beweggründe und versucht entsprechend zu reagieren. Er trifft sich mit dem Vereinsvorsitzenden und spricht sein Verhalten und die dahinter liegenden Beweggründe direkt an. Überrascht von der Offenheit lässt sich der Vorsitzende darauf ein, gemeinsam an einem Presseartikel zu dem Projekt zu arbeiten und auf diese Art ein anderes Bild auf die Zusammenarbeit zu werfen. Das Gespräch bei der Sekretärin lief weniger erfreulich. Hier wird man wohl viel Zeit brauchen, um das Verhalten und die Einstellung zu ändern. Klemens beschließt auf aktives Vorleben zu setzen und sie auch entsprechend ihrer Leistung positiv beim Chef zu erwähnen. Bleibt noch das letzte Sorgenkind, der Lieferant. Wenn Geld dahinter steckt, wird es oft schwierig. Er entscheidet sich den Weg eines Kompromisses zu gehen. Jetzt sind die einzelnen Brandherde erst mal gelöscht. Die eigentliche Ursache existiert aber immer noch. Klemens beschließt das in der nächsten Teamsitzung einzuflechten. Er verwendet ein Stimmungsbarometer um zu schauen, wo weitere Konflikte schlummern und auch die Möglichkeit eines Kummerkastens will er geben. Ebenso will er nun darauf achten, dass er gezielt seine Werte und Vorstellungen für das Projektteam vorlebt und so vermittelt. Dazu möchte er im Umgang mit Fehlern zeigen, dass diese nicht negativ, sondern positiv und als Möglichkeit zum Lernen betrachtet werden.

4.2.9.6 Fazit

An dieser Stelle soll nochmal kurz zusammengefasst werden, welche Merkmale Komplexität im Bereich der Kultur hat, wie man am besten mit ihr umgeht und was man besser vermeiden sollte.

Merkmale:
- Vergangenheit, Fusion, Fluktuation
- internationale Teams, Globalisierung
- Zynismus und Sarkasmus

Do:
- Routine und Kadenzen
- Synchronisation und Feedback
- Rollen und ungeschriebene Gesetze entlarven
- Fehler als Lernchance
- dezentrale Kontrolle

Don't:
- Emotionale Intelligenz ist Gefühlsduselei
- zersplitterte Fenster
- Tacheles Reden
- Gartenbau

4.2.10 Guido und Klemens – Der Abschluss

Nach einem weiteren Jahr ist es nun soweit. Die Projekte sind beendet. Das eine von Guido eher unfreiwillig. Das Flugrad kam nicht zum Fliegen. Er hat die Komplexität bei der Technologie und den Stakeholdern sowie der Organisation schlicht weg unterschätzt. Traditionelle Vorgehensweisen haben versagt. Klemens Windräder stehen. Zwar auch nicht alle vier, sondern nur drei und diese auf deutschem Gebiet. Aber das macht nichts. Manchmal müssen die Anforderungen auch den Ziele angepasst werden und Komplexität reduziert werden. Auch bei Klemens lief nicht alles wie geplant und manche Ansätze gingen schief. Aber so ist das in Projekten. Es gibt kein best practice, das immer überall funktioniert. Man kann nur seinen Erfahrungsschatz erweitern, um dann aus einen Repertoire an Methoden situativ die am besten passende auszuwählen und anzuwenden. Aus dem Grund wird nun im folgenden Kapitel (Kap. 5) noch auf grundlegende Fehlerquellen eingegangen, die eben mehr im Mindset der Personen liegen und somit ihr Verhalten bestimmen, als dass sie einer bestimmten Domäne zugeordnet werden können.

Literatur

Andresen, J.: *Retrospektiven in agilen Projekten: Ablauf, Regeln und Methodenbausteine* 1. Auflage Carl Hanser Verlag , 2013, S. 37ff

Annen 2 , Prof. E.: *Projekte würden schon funktionieren … wenn der Mensch nicht wäre,* Vortrag, PM2014, Liestal, 24.9.2014, S. 71/72

Annen, Prof. E.: *Projekte würden schon funktionieren … wenn der Mensch nicht wäre,* Vortrag, PM2014, Liestal, 24.9.2014, S. 11

Appelo, J.1: *Management 3.0 Workout*, Happy Melly, Rotterdam,2014, S. 112

Appelo, J. 2: *Management 3.0 Workout*, Happy Melly, Rotterdam,2014, S. 241

Ariely, D: Wer denken will, muss fühlen, 2012, S. 101

Beck-Bornholdt, H., Dubben, H.: *Der Schein der Weisen, Irrtümer und Fehlurteile im täglichen Danken,* 4. Auflage, rororo, Hamburg, 2005, S. 85

Brüggemeier, B.: Wertschätzende Kommunikation im Business: Wer sich öffnet, kommt weiter. Wie Sie die GFK im Berufsalltag nutzen, Junfermann, 2010, S. 85

Carroll, L.: *Alice im Wunderland*, London, 1865

Daenzer, W. F.: Systems engineering, Industrielle Organisation, 2002, S. 6

DEWI Internet,15.10.2002, (http://www.wind-works.org/cms/fileadmin/user_upload/Files/DEWI-STUDIE-Kosten_der_Windenergienutzung_2002.pdf)

Dirbach, J.: *Wissensorientiertes Projektmanagement mit dem Knowledge Gap Modell*, wissensarbeiter. org, Zürich, 2013, Knowlegd Gap Board

Dubben, H., Beck-Bornholdt, H.: *Der Hund, der Eier, Erkennen von Fehlinformationen durch Querdenken*, 3. Aufl., rororo, Hamburg, 2006, S. 85

Federmann, S., *Der meiste Wind entsteht durch Windräder*, Internet, 22.8.2013, (http://diewelt-presse.de/wind-entsteht-durch-windraeder/)

Goldratt, E. M.: Die Kritische Kette: Das neue Konzept im Projektmanagement, Campus Verlag, 2002

Pletzer, M. A..: Emotionale Intelligenz: Das Trainingsbuch, Haufe-Lexware, 2007, S. 27

Honegger, J.: *Vernetztes Denken und Handeln in der Praxis*, 3. Aufl., Versus, Zürich, 2013, S. 59

Kendrick, T.: *Identifying and Managing Project Risk: Essential Tools for Failure-Proofing Your Project*, 2. Auflage, 2009, Amacom Books, S. 82

Kniberg, H., Skarin, M.: *Kanban and Scrum, making the most of both*, C4Media, USA, 2010, S. 71

Kotter, J. P.: *Leading Change*, Harvard Business Review Press, 2012, S.6

LeFever, L.: *Art of expenation*, 1. Auflage, John Wiley & Sons, 2012

Patzak, G.: *Messung der Komplexität von Projekten*, projektMANAGEMENT aktuell, GPM, 5/2009, S. 43 ff.

Pruckner, M.: *Die Komplexitätsfalle, Wie sich Komplexität auf den Menschen auswirkt: Von Informationsmangel bis zum Zusammenbruch*, Books on Demand, Norderstedt, 2005

Schneider, R.: Wehret den Anfängen, NZZ, Juli 2009, http://folio.nzz.ch/2009/juli/wehret-den-anfangen

Schuh, G.: *Produktkomplexität managen: Strategien – Methoden – Tools*, Hanser, 2005, S. 292

Senge, P. M.: Die fünfte Disziplin: Kunst und Praxis der lernenden Organisation, 11. Auflage, Schäffer-Poeschel, Stuttgart, 2011, S.254

Tagesanzeiger, *Deutsche wollen 200-Meter-Windrad ins Rafzerfeld stellen*, 30.10.2013

Techt, U.: Goldratt und die Theory of Constraints: Der Quantensprung im Management, Editions La Colombe, 2010, S.198

Thiele, A.: *Argumentieren unter Stress*, dtv, 2007, S. 57

Verheyen, G.: *Scrum - A Pocket Guide*, van Haren Publishing, 2013, S. 53

Müller, A. Wambach, K., Aslema, E.: Life Cycle Analysis of Solar Module Recycling Process. Cambridge Univ Press, 2005, 0895-G03-07.3

Humpty Dumpty – Weitere Fallstricke

Humpty Dumpty sat on a wall,
Humpty Dumpty had a great fall,
All the King's horses and all the King's men,
Couldn't put Humpty together again.
(Carroll 1865)

Zusammenfassung

Um zu verhindern, dass wir auch in unseren Projekten „in den Dreck fallen" wie Humpty Dumpty und nichts mehr gerettet werden kann, soll an dieser Stelle auf einige Verhaltensweisen eingegangen werden, die es zu vermeiden gilt. Diese Handlungsmuster begegnen uns in der alltäglichen Projektarbeit immer wieder, egal in welchem Bereich. Manche dieser Stolperfallen wurden in der ein oder anderen Dimension im vorherigen Kapitel (Kap. 4) bereits angedeutet. Dennoch sollen sie hier näher beleuchtet werden, da ihnen besondere Aufmerksamkeit gebührt und sie auch dimensionsübergreifend auftreten können.

5.1 Grenze des Wachstums

5.1.1 Merkmal

Irgendwann kommt es zum Stillstand oder Rückgang der Wertschöpfung in einem System. Das kann sein, weil eine Gruppe von Menschen eine Größe erreicht hat, bei der weitere Mitarbeiter die Leistung der Gruppe nicht mehr erhöhen, sondern mindern. Oder ein Prozess, in dem immer mehr Regeln die Qualität des Ergebnisses nicht verbessern,

© Springer Fachmedien Wiesbaden 2015
S. Lange, *Komplexität im Projektmanagement*,
DOI 10.1007/978-3-658-09972-5_5

sondern verschlechtern, ist ein Beispiel hierfür. Typisch ist auch, wenn stets mehr Ausnahmen generiert werden, oder eine Software immer mehr Funktionen bekommt, bis am Ende keiner mehr die Anwendung durchschaut und nutzen kann.

5.1.2   Umgang

Wichtig ist es, diese Grenzen rechtzeitig zu erkennen. Wann wird die Anwendung durch die vielen Feature zu komplex? Wann hat der Prozess mehr Ausnahmen als Regelfälle? In dem Fall darf man sich nicht auf die bisherige Strategie versteifen. Noch mehr vom Gleichen führt nicht proportional zu einem mehr an Wertschöpfung. Stattdessen müssen die begrenzenden Faktoren, die constraints, erkannt und angepasst werden. Kann es sein, dass die Prüfung bei der Beitragskalkulation zu lange dauert, weil fast 80 % der Fälle ausgesteuert werden und einem manuellen Review unterzogen werden müssen? Dann ist das manuelle Review keine Ausnahme mehr, sondern der Regelfall. Hier gilt zu entscheiden, ob das so gewollt ist, oder ob Risiko und Nutzen nicht in einem besseren Verhältnis stehen, wenn man die Regeln an der ein oder anderen Stelle aufweicht und maschinell abdeckt ohne ein zusätzliches Paar Augen. Ein Antizipieren bevorstehender Grenzen ist hier ein wichtiger Erfolgsfaktor. Wann wird das System leistungsunfähig? Wann sind bestimmte Eigenschaften oder Vorgehen unverhältnismässig? Dafür sind Experten und genaues Beobachten des Systems, sowie Erfahrung und Intuition notwendig. Manchmal ist weniger einfach mehr (Kahnemann 2014).

5.2   HALO Effekt

5.2.1   Merkmal

Der HALO Effekt ist eine aus der Sozialpsychologie bekannte kognitive Verzerrung, die darin besteht, von bekannten Eigenschaften einer Person auf unbekannte Eigenschaften zu schließen. Dieser Effekt tritt oft unbemerkt auf und wird gerne verleugnet. Aussagen von Menschen, denen man positiv gegenüber eingestellt ist, werden in der Regel als positiv beurteilt, unabhängig von der Qualität der Aussage. Es kann aber auch sein, dass eine Aussage oder Handlung einer Person so hoch bewertet wird, so dass andere Aussagen und Handlungen in den Hintergrund treten. Grundsätzlich führt der HALO Effekt dazu, dass Auswirkungen von Handlungen oder auch Zusammenhänge nicht kontrolliert werden (ballistisches Handeln). Stattdessen werden Wahrheiten geschaffen und Zusammenhänge außen vor gelassen.

5.2.2   Umgang

Auch wenn es schwer fällt, es zu glauben: Ein Hinterfragen von Aussagen ist nicht gleich ein Misstrauensvotum. Aussagen dürfen geprüft werden und sollten dies sogar, besonders wenn es um kritische Fragestellungen geht. Aber nicht nur Aussagen sollten geprüft werden, sondern auch Handlungsweisen. So kann beispielsweise nach Motiven für Handlungen gefragt werde, mit denen man nicht einverstanden ist. Wer weiß, unter Umständen ist die Lage ja ganz anders als man meint und es fehlen einfach nur Informationen, um die Situation richtig beurteilen zu können. Vielleicht gibt man Aufgaben auch mal bewusst an andere Teammitglieder ab, die nicht zu den engsten Verbündeten zählen und man gibt ihnen damit eine Chance sich zu beweisen.

5.3   Fehlerkorrektur führt zu Problemverschiebung

5.3.1   Merkmal

In komplexen Systemen führt die Lösung eines Problems oft zu neuen Problemen. Anstatt ein Problem zu lösen, wird es also nur verschoben. Das ist wie bei Medikamenten gegen Kopfweh. Das Kopfweh ist zwar weg, aber der Grund, dass zu wenig getrunken wurde und dies Auswirkungen auf den Körper hat, bleibt und verschlimmert sich unter Umständen noch, weil die Symptome nicht mehr wahrgenommen werden. Die Zusammenhänge werden nicht gesehen. Die Abhängigkeiten einzelner Variablen zueinander werden unterschätzt oder können manchmal auch einfach nicht überblickt werden. Die Wechselwirkungen werden erst später ersichtlich.

5.3.2   Umgang

Wichtig ist, dass das Bewusstsein da ist, dass Fehlerkorrektur keine Dauerlösung ist und man sich dem Grundproblem zuwenden muss. Ebenso sollte darauf geachtet werden, dass eine Reduktion gleichzeitiger Lösungen angestrebt wird, da ansonsten Ursache und Wirkung durch die starke Vernetzung nicht mehr nachvollziehbar sind. Das bedeutet beispielsweise, nur weil ich an einem Stück Code arbeite, an dem ich mehrere Stellen wegen unterschiedlicher Effekte korrigieren müsste, ist es nicht gesagt, dass dies hilfreich ist und Zeit spart, wenn ich alles auf einmal mache. Wenn beim Test ein Fehler oder Seiteneffekte zu beobachten sind, stellt sich die Frage, was Ursache für den Fehler ist. Ich habe dann mehrere Stellen zu kontrollieren. Es müssen Alternativen gesucht werden. Lineares Denken in Ursache-Wirkungs-Ketten muss übergehen in vernetztes Denken. Das bedeutet, die Wechselwirkungen müssen berücksichtigt werden und Hintergrundkontrollen durchgeführt werden, also Neben- und Fernwirkungen bei der Problemlösung betrachtet werden. Damit gilt es nicht die Symptome zu bekämpfen und beispielsweise das Datumsformat anzupassen, sondern zu schauen, wo dies her kommt, wer mit diesem Datum alles arbeitet und was das für Auswirkungen haben kann, wenn man an der Stelle etwas dreht.

5.4   Heuristik

5.4.1   Merkmal

Heuristik bezeichnet die Kunst, mit begrenztem Wissen (unvollständigen Informationen) und wenig Zeit zu guten Lösungen zu kommen. Hierfür werden mit Hilfe von mutmaßenden Schlussfolgerungen Aussagen über ein System getroffen. Die damit gefolgerten Aussagen können von der optimalen Lösung abweichen. Durch Vergleich mit einer optimalen Lösung kann die Güte der Heuristik bestimmt werden. Bekannte Heuristiken sind zum Beispiel „Versuch und Irrtum" (trial and error) und das Ausschlussverfahren. Heuristische Verfahren basieren auf Erfahrungen; sie können auch auf „falschen" Erfahrungen (z. B. verzerrte Wahrnehmung, Scheinkorrelation) basieren. Die Unzulänglichkeiten beim Erfassen von zeitlichen Abläufen, sowie die Schwierigkeit, zeitliche Entwicklungen vorherzusagen und eine Abnahme der Selbstreflexion aufgrund von Zeitmangel, führen zu suboptimalen Ergebnissen.

5.4.2   Umgang

Die eigenen kognitiven Aktivitäten sollten mehr überwacht oder bewertet werden. Trotz Zeitdruck sollte hier darauf geachtet werde, dass „spontane" Entscheidungen nicht zu Lasten des Systems gehen. Mögliche Handlungsstrategien können sein: Rücksprachen und Teamentscheide, bewusste Kontrollfilter etablieren, wie beispielsweise die „drei Siebe in Bezug auf Kommunikation" (ist es positiv, ist es wichtig, ist es wahr). Erfahrungsdatenbanken sind natürlich wünschenswert, auch wenn jeder gerne mit dem Erfahrungsschatz arbeiten will, ohne dabei zu helfen ihn aufzubauen. Was diese Umgangsform etwas schwer macht.

5.5   Erodierende Ziele

5.5.1   Merkmal

Ein angestrebtes Ziel (= Erwartung) führt zu entsprechenden Handlungen. Gleichzeitig steigt der latente Druck das Ziel zu erreichen. Führen die Handlungen nicht in angemessener Zeit zum Erfolg, erhöht sich der Druck. Nun können äußere oder innere Umstände dazu führen, dass das Ziel entweder gesenkt oder umdefiniert wird, was in der Praxis auf das Gleiche hinausläuft; das Ziel rutscht ab. Solange die Möglichkeit besteht, werden lieber Zielmarken gesenkt als Anstrengungen gesteigert, das Ziel doch noch zu erreichen. Sinkende Ziele gehen oft einher mit sinkender Qualität.

5.5.2 Umgang

Wir kommen wieder zu dem bereits besprochenen Effekt des „zersplitterten Fensters". Es gilt herauszufinden, was Zielgrößen bestimmt und beeinflusst. Eine mangelnde Konkretisierung des Handlungsziels und mangelnde Balancierung kann schnell zu abrutschenden Zielen führen. Die Zeit wird knapp, beispielsweise wurde dem Kunden versprochen, eine Softwarelieferung bereit zu stellen. Also werden die Features aus Zeitgründen nicht mehr richtig getestet. Hat Nachlässigkeit einmal Raum gewonnen, beginnt eine Abwärtsspirale. Sinkende Qualität oder sinkende Ziele sollte als erstes Anzeichen wahrgenommen und entsprechend entgegen gewirkt werden. Es gilt Ursachen ermitteln, die das Ziel aktuell zum Rutschen bringen. Die „5 Why" Methode hat sich hier sehr bewährt. Hier wird das augenscheinliche Problem fünf Mal mit Warum hinterfragt, um auf den Grund des Problems zu kommen. „Warum sind wir so spät dran? Warum waren die Mitarbeiter nicht verfügbar? Warum haben die Mitarbeiter andere Aufgaben in ihrer Projektarbeitszeit erfüllt?" Und so weiter. Was jetzt schlimmer ist, abrutschende Ziele oder sinkende Qualität, das zu beurteilen überlasse ich dem Leser.

5.6 Tragödie der Gemeingüter

5.6.1 Merkmal

Die individuelle Nutzenmaximierung verschlechtert langfristig die Gesamtsituation. Wer nur den eigenen Vorteil bzw. den seines Projektes verfolgt, verliert das Gesamtsystem aus dem Auge. Wirksame Lösungen werden nie auf Individualebene gefunden. Es gilt immer das große Ganze zu betrachten und zu schauen, wie Projekte oder Bereiche voneinander profitieren und das gesamte Unternehmen nach vorne bringen können.

5.6.2 Umgang

Daher muss ein Ausgleich zwischen Einzelinteresse und Allgemeinwohl gefunden werden. Es gilt Systeme, also beispielsweise die Organisation, zu managen anstatt Zustände, einzelne Probleme oder Projekte. Das große Ganze im Fokus zu haben und nicht nur das eigene Projekt ist eine Herausforderung, zumal hierfür oftmals die Verantwortung und evtl. auch Kompetenz fehlt. Was habe ich persönlich davon, wenn es dem Bereich gut geht, mein Projekt aber Verzug meldet? Das sind in dem Fall typische Fragen. Es muss ein guter Mittelweg gefunden werden. Was dient dem Unternehmen als Ganzes am meisten? Wenn ein Projekt in Schieflage ist und alle Ressourcen abgezogen werden von anderen Projekten, um hier zu unterstützen, dann kann es sein, dass nachher zwar das eine Projekt gut da steht, die anderen aber auch plötzlich anfangen zu kippen und eine Kettenreaktion ausgelöst wird.

Hier spielen auch Prioritäten eine Rolle. Die Frage nach dem Gemeinnutzen sollte zumindest bei Interessenskonflikten im Vordergrund stehen, auch wenn die eigene Zielvereinbarung unter Umständen anders lautet. Das ist aber ein anderes Thema, das hier nicht weiter besprochen werden soll, aber natürlich auch seinen Teil zur Komplexität beiträgt.

5.7   Erfolg den Erfolgreichen, Ökonomietendenzen

5.7.1   Merkmal

Bei Ressourcenknappheit werden oftmals dem Projekt die Ressourcen zugeschrieben, das am erfolgreichsten ist. Der Hintergedanke ist, dass das Projekt dadurch schneller beendet und damit erfolgreich sein und mit dem Ergebnis Gewinn erwirtschaftet werden kann. Die Begrenztheit der Ressourcen im anderen Projekt führt zu Reduktion verfügbarer Information. Daraus folgt ungenügende Exploration des Problems, da die entsprechenden Experten nicht verfügbar sind. Ein so gegebener Mangel an Informationen führt folglich oftmals zu einer falschen Dosierung der Maßnahmen. Das bisher erfolgreichere Vorhaben, das die Ressourcen bekommen hat, wird erfolgreicher, das andere immer schlechter. Das führt dazu, dass es scheinbar nur einen Gewinner gibt. Allerdings ist dieses Gewinnen kritisch zu betrachten, da es uns wieder zu der „Tragödie der Gemeingüter" (Abschn. 5.6) bringt.

5.7.2   Umgang

In einem komplexen Umfeld kann ein Element nie losgelöst betrachtet werden. „The Winner takes it all" sollte verhindert werden. Das kann geschehen, indem man nach übergeordneten Zielen sucht und gemeinsam versucht daran zu arbeiten. Dies kann für einen Projektleiter recht schwierig sein. Ein Programmleiter jedoch kann sehr wohl darauf achten, dass alle seine Teilprojekte ein gemeinsames Ziel verfolgen und sich daher nicht als Konkurrenten sehen, sondern auch versuchen, sich gegenseitig zu unterstützen.

5.8   Überwertigkeit des aktuellen Motivs

5.8.1   Merkmal

Aufgrund reduzierter Informationsverarbeitung, zum Beispiel wegen Ressourcenmangel, kommt es auch zu einer reduktiven Hypothesenbildung. Das heißt komplex bedingte Wirkungen werden auf eine Ursache reduziert. Große Zusammenhänge werden oftmals außen vorgelassen, weil man sich zu stark auf ein Thema fokussiert (Ariely 2012).

5.8.2   Umgang

Häufig wird das Symptom anstatt der Ursache bekämpft. Menschen kümmern sich um die Probleme, die sie aktuell haben, nicht aber um die, die sie noch nicht haben, die aber in Kürze auf sie zukommen. Hier gilt es Weitsicht zu üben. Über den Tellerrand hinausschauen und sich auch andere Meinungen anhören, gerne auch von Außenstehenden. Sie müssen nicht immer Recht haben, aber vielleicht eröffnen sie doch die ein oder andere Sichtweise oder zeigen neue Ansätze auf. Ganz wichtig ist hier, eine offen zugängliche Liste zu führen mit Punkten, die bekannt sind, dass sie eventuell zu einem Problem führen können. Zum Beispiel könnte die Wahl der Schnittstellentechnologie zu einem Problem führen man weiß, sollten mal mehr als 100 Sätze kommen, kann das Format zu Performanceproblemen führen. Diese Liste gilt es immer im Auge zu behalten und zu prüfen wie nahe man dieser Situation bereits ist. Zu schnell werden solche eingegangenen Kompromisse vergessen und tauchen dann plötzlich aus heiterem Himmel wieder auf und holen einen ein.

5.9   Tendenz zum Autoritärverhalten

5.9.1   Merkmal

Es gibt Momente, in denen die Suche und Berücksichtigung von Informationen durch das eigene Kompetenzempfinden beeinträchtigt wird. Man hat das Gefühl alles sichern und planen zu müssen und befindet sich in einer Scheinsicherheit, die blind macht für die Schwierigkeiten in Umwelt und Märkten. Das kann sich darin äußern, dass die Kontrolle nicht aus der Hand gegeben wird, keine kritischen Fragen gestellt werden dürfen, kein Raum für Experimente ist und daher der Lösungsrahmen nicht ausgeschöpft werden kann. Man meint, alles verstanden und unter Kontrolle zu haben. Deutlich wird dies, wenn der Projektleiter alles geplant hat und dann jemand kommt und sagt, wir ändern die Abfolge oder den Lösungsweg. Jetzt kann es leicht passieren, dass sich der Projektleiter „auf den Schlips getreten" fühlt und versucht, seinen Weg und seine Variante zu verteidigen und die neue Variante gar nicht prüft. Entscheidungen werden nicht mehr revidiert, Fehler nicht eingestanden und korrigiert. Stattdessen werden Situationen beschönigt, um einen scheinbaren Kompetenzverlust zu vermeiden (was in der Regel aber eher eine kontraproduktive Wirkung hat) oder es wird nach Schuldigen und Verantwortlichen gesucht. Es kommt zu einem gegenseitigen Hochschaukeln der Probleme (vgl. Annen 2014). „Wer sich für besonders fähig hält, ist zu dumm, seine eigene Unfähigkeit zu erkennen" (Bertrand Russell).

5.9.2   Umgang

Wichtig ist zu schauen, wie beide Seiten gewinnen können: die Person, die ihre Kompetenz demonstrieren will und das Projektziel, das es zu erreichen gilt. Was sind Maßstäbe?

Welche Grundbedürfnisse hat die Person und wie kann man diesen begegnen? Wichtig ist hier das Motto „tit for tat" (Zug um Zug) und nicht mit der Türe ins Haus zu fallen. Eine Gefahr kann auch das Groupthink darstellen. Hier kommt eine Gruppe von Fachleuten zusammen, die sich selbst bestätigt und gegenseitig auf die Schulter klopfen. Sie wollen von ihrer Ideologie nicht abweichen, niemand mag als erste einen Schritt in eine andere Richtung machen, aus Angst das Ansehen bei den anderen zu verlieren. Vertrauen schaffen und eine Kultur etablieren, in der Fehler eine Chance des Lernens darstellen und nicht das Suchen von Schuldigen im Vordergrund steht. Kritik nicht persönlich als Beleidigung annehmen, sondern als Lernchance – das ist etwas, was jeder an sich selbst über kann. Auch offen zu sein für andere Vorgehensweisen. Auf der anderen Seite muss man sich aber auch bewusst sein, wie man wirkt, wenn man jemand anderem seinen Plan oder Vorhaben durchkreuzt. Hier ist Fingerspitzengefühl gefragt und die richtige Kommunikation. Dadurch kann schon von vornherein viel gewonnen und entschärft werden. Die eigene Idee nicht überstülpen, sondern den anderen daran teilhaben und mitgestalten lassen. Darin scheint mir das Geheimnis zu liegen.

5.10 Vergessen

5.10.1 Merkmal

Wir neigen dazu Dinge zu vergessen oder zu verdrängen. Insbesondere emotional neutrale Ereignisse werden vergessen. Wir neigen auch dazu, unsere Erinnerungen zu verändern, Dinge anzupassen und zu verdrehen, zu beschönigen oder zu dramatisieren, je nach Kontext. Es kann so passieren, dass manche negative oder positive Situationen überbewertet werden. Dazu gehört auch die Erfahrung, wie Lösungen erarbeitet, Krisen bewältigt oder Erfolge erzielt wurden.

5.10.2 Umgang

Sich solche Momente ins Gedächtnis zu rufen und das damals Erlernte wieder anzuwenden ist manchmal eine Herausforderung. Hier kann es helfen ein Projekttagebuch zu führen, in dem wichtige Situationen und angewandte Methoden / Ansätze festgehalten werden, aber auch einfach Geschehnisse. Hier und da habe ich auch schon Projekt-Logbücher gesehen, in denen für jede Woche nur ein Satz eingetragen wurde. Das macht wenig Aufwand, kann aber rückblickend viel helfen. Denn ganz ehrlich, wer weiß schon nach 6 Wochen noch, warum man sich damals eigentlich so aufgeregt hat und das Thema fast eskaliert ist. Ich persönlich finde die Einsatzmethode ganz hilfreich. Dabei habe ich mir angewöhnt, die Einträge zumindest nach Wochen zu gruppieren, damit ich nicht wirklich für jedes Datum einen Satz festhalten muss – außer es war etwas Spezielles wie ein Workshop oder Ähnliches.

Das Ganze kann man als Checkliste auf seinen Schreibtisch legen und sich und sein Verhalten und seine Umwelt immer wieder darauf hin überprüfen, ob solche Muster ersichtlich werden (vgl. Abb. 5.1). Nur wer dieses Verhalten wahrnimmt, kann auch entsprechend sein Verhalten korrigieren oder versuchen Einfluss auf andere zu nehmen und sein Handeln entsprechend daran auszurichten.

- Grenze des Wachstums
- HALO Effekt
- Fehlerkorrektur führt zu Problemverschiebung
- Heuristik
- erodierende Ziele
- Tragödie der Gemeingüter
- Erfolg den Erfolgreichen, Ökonomietendenzen
- Überwertigkeit des aktuellen Motivs
- Tendenz zu autoritärem Verhalten
- Vergessen

Abb. 5.1 Humpty Dumpty (Carroll 1865)

Literatur

Annen, Prof. E.: *Projekte würden schon funktionieren … wenn der Mensch nicht wäre,* Vortrag, PM2014, Liestal, 24.9.2014, S. 11

Ariely, D: Wer denken will, muss fühlen, 2012, S. 123

Carroll, L.: *Alice im Wunderland,* London, 1865

Kahnemann, D: *Schnelles Denken, langsames Denken,* PENGIUN Psychology, 2014, S. 290

Hinter dem Spiegel und was wir dort fanden

Zusammenfassung

Schauen wir in den Spiegel, dann sehen wir was aktuell geschieht. Schauen wir dahinter können wir vielleicht die Ursache davon erkennen – steigende Komplexität. Das war die Idee dieses Buches. Aufzuzeigen, was eventuell hinter dem Spiegel ist, was das bedeutet und wie damit umgegangen werden kann. Dieses letzte Kapitel stellt somit eine Zusammenfassung der vorherigen Kapitel dar.

So weit so gut. Was die rosarote Brille mit dem Prinzip Hoffnung zu tun hat, ist jetzt klar. Auch wie das mit dem Thema Komplexität zusammenhängt und warum dies dazu führt, dass es oft zu ungeahnten Problemen kommt. Es wurde besprochen, wie eine erste Einschätzung für das Projekt vorgenommen werden kann. Die Geschichte von Guido und Klemens hat das Thema veranschaulicht und auch Impulse für den Alltag gegeben. Humpty Dumptys 10-Punkte-Liste der typischen Verhaltensmuster gibt ebenfalls weiteren Input zum Überprüfen von Komplexitätstreibern (Abb. 5.1). Nun stellt sich die Frage wie das Ganze im Alltag aussehen kann. Als kleine Gedankenstütze habe ich eine Übersicht kreiert. Diese soll an das Gelesene erinnern und die Analogien ins Gedächtnis rufen.

In der Mitte steht der Kompass für die Standortbestimmung. Hierfür wurden die fünf Facetten des Projektauftrages herangezogen. Diese werden nach Anzahl Elemente und deren Abhängigkeit sowie der Dynamik bewertet. So kann das Projekt direkt zu Beginn schnell kategorisiert und ein gemeinsames Verständnis zwischen allen Beteiligten geschaffen werden.

Ein Projekt muss nicht durch und durch komplex sein. Wir haben gesehen, dass nur einzelne Bereiche hohe Komplexität aufweisen und sich diese Bereiche auch ändern können. Dafür ist es notwendig, das Projekt immer mal wieder in den unterschiedlichen Bereichen zu beleuchten. Dazu wurden die fünf Facetten der Standortbestimmung in sieben Dimensionen unterteilt.

© Springer Fachmedien Wiesbaden 2015
S. Lange, *Komplexität im Projektmanagement*,
DOI 10.1007/978-3-658-09972-5_6

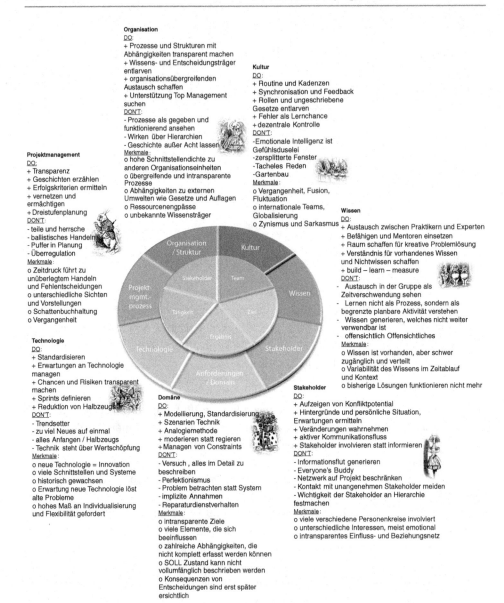

Abb. 6.1 Übersicht Dimensionen

Jede der Dimensionen hat seine eigenen Merkmale, Herausforderungen und Fallstricke. Die Szenen aus Alice im Wunderland sollen als Gedankenstütze dienen und das Gelesene wieder in Erinnerung rufen. Die DO's und DONT's, sowie Merkmale aus den Zusammenfassungen sollen helfen, sich im Alltag das Thema schnell wieder ins Gedächtnis rufen zu können. Dieser Abgleich sollte nicht nur einmal stattfinden, sondern immer wieder kurz überprüft werden – vielleicht im Zuge des monatlichen Controllings oder je nach Projektgröße auch nur einmal im Quartal (Abb. 6.1).

Humptys 10-Punkte-Liste steht etwas außerhalb, da sie unabhängig von den im Kap. 5 behandelten Dimension ist. Die Punkte sollten jedoch immer wieder bei sich selbst überprüft werden, ob die Merkmale auf einen selbst zutreffen, oder vielleicht bei einzelnen Personen im betroffenen Umfeld. Hier hilft nur sensibel dafür zu werden, was in der Umwelt passiert und bestimmte Muster zu erkennen. Eine kleine Gedankenstütze kann helfen bewusst Verhaltensweisen zu hinterfragen.

Modell nach Dietrich Dörner
Als grundsätzliches Handlungsmuster kann das fünf Schritte Modell von Dietrich Dörner angegeben werden (Dörner 2012; Abb. 6.2):

1. „Zielausarbeitung"
2. „Informationssammlung und Modellbildung"
3. „Prognose und Extrapolation"
4. „Planung, Entscheidung und Durchführung von Aktionen"
5. „Effektkontrolle und Selbstreflexion".

Abb. 6.2 Dörner Modell: Stationen der Handlungsorganisation

Komplexe Situationen zeichnen sich durch ihre Intransparenz aus. Man sieht nicht was man sehen will, oder schlimmer noch, man hat keine vollständige Kenntnis und arbeitet mit falsche Annahmen. Wichtig ist also zuerst das Sammeln von Informationen. Das Problem stellt die oft limitierte Zeit dar. Es gilt herauszufinden, wann genug Informationen gesammelt wurden und wann man sich im Detail verliert. Das Wissen sollte so tief gehen, dass man sich ein Bild machen kann und weiß, wie die Variablen zusammenhängen. So bildet man sich ein Realitätsmodell. Ein implizites, also unbewusst vorhandenes Realitätsmodell bezeichnet man auch gern als Intuition. Bei dem Modell darf die zeitliche Komponente nicht vergessen werden. Wo komme ich her und wo will das System hin. Nun können Aktionen geplant, entschieden und auch durchgeführt werden. Elementar ist der darauf folgende Schritt der Selbstkontrolle, in dem unter Umständen das eigene Modell und Denken angepasst werden muss. Aber auch die Erfolgskontrolle, um die Aktionen evtl. zu korrigieren, ist von großer Bedeutung.

Literatur

Dörner, D.: *Die Logik des Misslingens, Strategisches Denken in komplexen Situationen*, 11. Auflage, rororo, Hamburg, 2012, S. 67

Fazit

7

Zusammenfassung

Es wird kurz und prägnant dargestellt, was die wichtigsten Erkenntnisse sind, die man nach dem Lesen des Buches gewonnen hat und warum es sich gelohnt hat, das Buch zu lesen.

Für alle, die von hinten anfangen das Buch zu lesen, um zu sehen, ob es sich für sie lohnt, sei Folgendes zusammenfassend gesagt:

Komplexität ist subjektiv

Komplexität ist subjektiv. Was mir komplex erscheint, kann anderen als kompliziert gelten oder andersrum. Wir haben nicht alle das gleiche Verständnis. Darum ist es wichtig, Transparenz und ein gleiches Verständnis zu schaffen. Wie das erreicht werden kann, steht im Kap. 3.

Komplexität ist nicht beherrschbar

Komplexität selbst lässt sich nicht beherrschen: Jeder Versuch dies zu tun endet darin, dass die Komplexität einen beherrscht und man im Chaos endet. Man kann nur lernen, damit umzugehen und sein Verhalten entsprechend anzupassen. Möglichkeiten mit Komplexität umzugehen und auch was man besser lassen sollte, wird in Kap. 4 beschrieben.

Nullfehlertoleranz ist eine Utopie

Menschen sind immer Teil des Systems und machen Fehler. Es ist also ein Irrglaube ein System schaffen zu können mit einer Nullfehlertoleranz. Das gilt unabhängig davon, ob wir in einem komplexen Umfeld unterwegs sind oder nicht. Allgemeines „Fehlverhalten", die auch über komplexe Umfelder hinausgehen, werden im Kap. 5 diskutiert.

© Springer Fachmedien Wiesbaden 2015
S. Lange, *Komplexität im Projektmanagement*,
DOI 10.1007/978-3-658-09972-5_7

Murphys Gesetze

Auch wenn im Kap. 6 nochmals alles zusammengefasst wird, so heißt das leider nicht, dass obwohl der Leser nun bestens für komplexe Projekte gewappnet ist, nichts mehr schief gehen kann. Denn zu guter Letzt greifen doch Murphy's Laws (Murphy's Law 2014):

1. Alles, was schief gehen kann, geht auch schief.
2. Auch was nicht schief gehen kann, geht irgendwann schief.
3. Auch wenn etwas, das eigentlich schief gehen sollte, nachher doch nicht schief gegangen ist, wird man feststellen, es wäre besser gewesen, wenn es schief gegangen wäre.

In dem Sinne wünsche ich denen, die hinten angefangen haben zu lesen viel Spaß beim Lesen des restlichen Buches. All denen, die tapfer bis zum Schluss durchgehalten haben, wünsche ich ein gutes Gelingen und viel Erfolg im Projektwahnsinn.

Traditional Software is about hope. Try to get away from „Anticipate everything" to „Prepare for anything". (Alan Shalloway)

Literatur

Murphy's Law, *Murphy's laws site All the laws of Murphy in one place*, Internet, 27.10.2014 (http://www.murphys-laws.com/murphy/murphy-laws.html)

Stichwortverzeichnis

© Springer Fachmedien Wiesbaden 2015
S. Lange, *Komplexität im Projektmanagement*,
DOI 10.1007/978-3-658-09972-5

Printed in the United States
By Bookmasters